专供版

创造利润

CREATE PROFITS

施伟德 ◎ 著

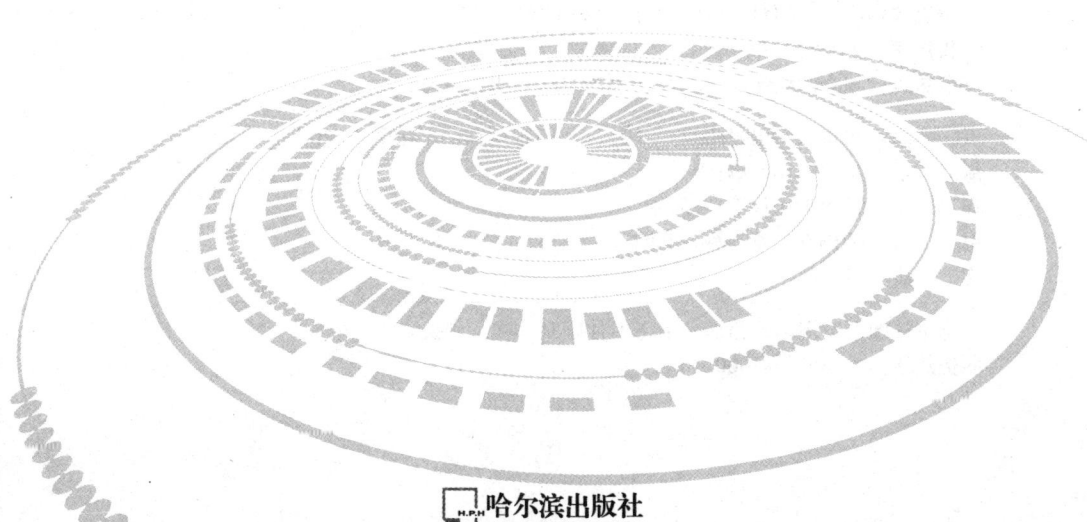

哈尔滨出版社
HARBIN PUBLISHING HOUSE

图书在版编目（CIP）数据

创造利润：专供版/施伟德著.—哈尔滨：哈尔滨出版社，2018.10
ISBN 978-7-5484-3598-3

Ⅰ.①创… Ⅱ.①施… Ⅲ.①企业利润–研究 Ⅳ.①F275.4

中国版本图书馆CIP数据核字（2017）第181554号

书　　名：创造利润.专供版

CHUANGZAO LIRUN.ZHUANGONG BAN

作　　者：施伟德　著
责任编辑：尉晓敏　翟嫦娥
责任审校：李　战
封面设计：仙境设计

出版发行：哈尔滨出版社（Harbin Publishing House）
社　　址：哈尔滨市松北区世坤路738号9号楼　　邮编：150028
经　　销：全国新华书店
印　　刷：哈尔滨市石桥印务有限公司
网　　址：www.hrbcbs.com　　www.mifengniao.com
E-mail：hrbcbs@yeah.net
编辑版权热线：（0451）87900271　87900272
销售热线：（0451）87900202　87900203
邮购热线：4006900345　（0451）87900345　87900256

开　　本：787mm×1092mm　1/16　印张：14　字数：180千字
版　　次：2018年10月第1版
印　　次：2018年10月第1次印刷
书　　号：ISBN 978-7-5484-3598-3
定　　价：42.80元

凡购本社图书发现印装错误，请与本社印制部联系调换。
服务热线：（0451）87900278

序言

创造利润，每个员工的责任

管理大师彼得·德鲁克说："没有利润，就没有企业。"对于企业，利润就像人体需要的氧气、食物、水和血液一样，它们虽然不是生命的全部，但是，没有利润，就没有生命。

提到利润，很多人容易想到马克思在谈到利润对人的诱惑性时说过的一段叫人触目惊心的话："……一旦有适当的利润，资本家就会大胆起来。有百分之五十的利润，他就铤而走险；为了百分之百的利润，他就敢践踏一切人间法律；有百分之三百的利润，他就敢犯任何罪行，甚至冒着绞首的危险。"资本家大胆起来、铤而走险、践踏法律甚至敢冒绞首的危险，全都是因为一个词——"利润"。从这个角度看，"利润"似乎很肮脏。然而，正如金钱并没有善与恶之分，"利润"其实也没有好与坏之别。

事实上，对于企业的运营来说，最重要的就是创造利润！因为企业要生存和发展，就必须有源源不断的资金作为保证，而源源不断的资金只能来源于利润。获得利润是企业生存的唯一目标。那么，如何才能有效地实现这一目标呢？经济学家给出了答案：削减成本与增加收入。利润的最大化是每个企业不断追求的目标，长期没有利润的企业会失去生存的机会，更别奢谈发展和履行企业公民的社会责任。

2008年一场全球金融海啸荡涤着地球的各个角落，世界各国的企业都遭遇了前所未有的困难。

在金融危机面前，不管是实力雄厚的百年名企还是新兴高科技企业，都遭遇了利润危机和生存困局。那么，如何应对危机？只有尽一切可能地挖掘利润。越是危难的时候，利润就越发重要。试想，对于一个企业来说，还有什么比利润更重要？没有利润，企业就会面临发展甚至生存问题！没有利润，企业只好缩减经营规模，甚至申请破产保护！对于任何一个员工来说，利润也极其重要。也许有些人会觉得，创造利润只是企业高层管理者们的事，其实，为企业创造利润是每一个人的责任。如果企业亏损，受到冲击的首先就是员工。因为很多企业在面临生存和发展危机时，首先的做法就是裁员！如何才能让企业远离利润危机和生存困局？让创造利润成为习惯！让企业里的每一个人都养成创造利润的习惯！如何才能让创造利润成为习惯呢？这正是本书要探讨的内容。

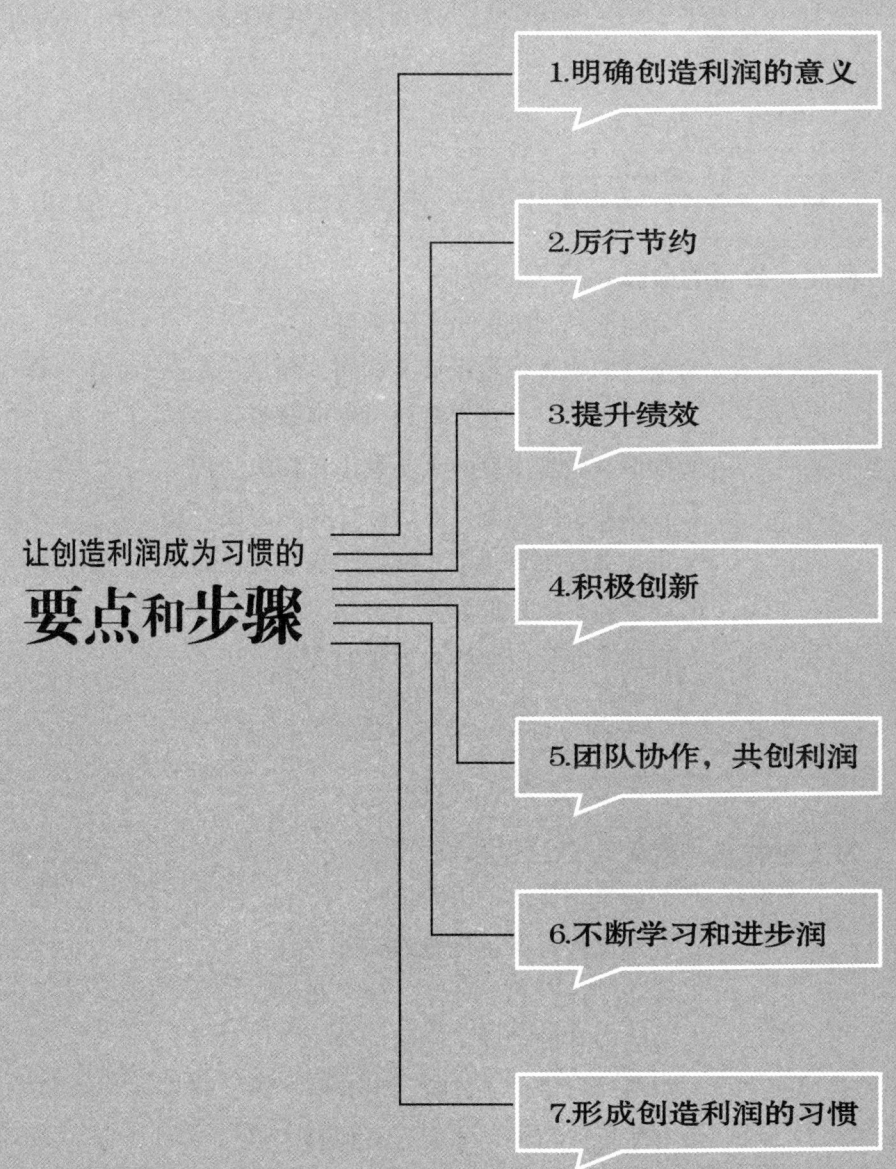

目 录

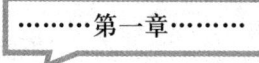

利润：公司的命脉，员工的保障　1
　　1.公司的利润决定员工的利益／3
　　2.企业的本质：追求最大利润，满足
　　　　　　　　顾客需求，实现梦想／7
　　3.创造利润者生存，入不敷出者淘汰／12
　　4.要基业长青，就要永远扛住利润大旗／16
　　5.重视大钱更要重视小钱：小钱是大钱的祖宗／21
　　6.现金为王，稳健为先／27
　　7.盲目多元化，赔的人多赚的人少／30

为公司省钱，就是为自己谋福利　35
　　1.节流是企业活下去的根本／37
　　2.成本优势是保持优势的关键／41
　　3.该省的钱，省一分是一分／46
　　4.节约与利润是成正比的／49
　　5.抠门过日子，不好听，但管用／53
　　6.有了抠门精神，才会有高利润／57
　　7.节约，是一种核心竞争力／61
　　8.为公司省钱，就是为自己谋福利／65

第三章

不断提升效能,让利润追着你跑　71
　　1.功劳重于苦劳,结果重于过程／73
　　2.做关键问题的解决专家,化困难为利润／77
　　3.勤为创造利润找方法／81
　　4.科学规划时间:提高效率的最大法宝／85
　　5.明确你的目标,每天提高1%／88
　　6.沟通提升效益,交流带来业绩／92
　　7.成为每个企业都需要的人／95

第四章

积极创新:有创新才会有大利润　99
　　1.积极创新:有创新才会有大利润／101
　　2.摆脱旧有模式,发现利润蓝海／104
　　3.顺势而为,是利润回报最大的创新／108
　　4.为成本精打细算,也是一种创新／112
　　5.危机是危险也是契机,经验是宝藏也是陷阱／115
　　6.当鱼与熊掌不能兼得时,学会放弃／119

第五章

同舟共济,共创利润　123
　　1.团队协作是最好的生存和发展之道／125
　　2.打造高绩效团队,是让利润倍增的捷径／129
　　3.高度的责任心是创造利润的保障／135

4.敬业是节约成本的上佳途径／141
5.忠诚,创造利润最大的内在动力／145
6.尽量不跳槽,努力创绩效／149
7.与公司同舟共济,共同成长／153

不断增强获利能力,做产能最高的人　157

1.不断提升创造利润的能力／159
2.马上行动,时间就是利润／163
3.思路就是出路,创意就是利润／168
4.控制时间成本:未来企业的基本生存之道／173
5.工作是带薪水的学习和增强获利能力的平台／177
6.应该去做的事,不必上司交代／181

让创造利润成为你的使命和习惯　185

1.创造利润是员工的天职／187
2.热爱你的工作,距离成功更近／192
3.成功的欲望有多强,创造的利润就有多大／195
4.确保优质客户,创造未来客户／199
5.学会危机管理,化危机为盈利／203
6.专注于你的工作,习惯于创造利润／209
7.现在就动手做!知道不如做到／213

第一章
利润：公司的命脉，员工的保障

利润是公司的命脉，员工的保障。如果没有了利润，公司就只能垮掉；如果没有了利润，员工的未来难测。只有永远扛住利润的大旗，抓住满足市场需求、不断创造利润这个关键，才能使企业生存和发展下去，才能保障企业里每一位员工的生存和发展。

> 企业的利润就像人体需要的食物、氧气、水和血液一样,没有它们就没有生命。
>
> ——《基业长青》

1. 公司的利润决定员工的利益

> 企业要盈利,就必定会重用那些能够为企业创造利润的员工。同时,企业也会给予那些创造出优异业绩的职员最优厚的回报。

企业和员工是一个共同体,员工的利益与公司的利润息息相关。企业的成长,要依靠员工的成长来实现;员工的成长又要依靠企业这个平台。正所谓:企业兴,员工兴;企业衰,员工衰。当企业衰落时,一个部门经理可能只能拿到10万;当企业兴盛时,同样一个部门经理可能就能收入100万!所以,公司的利润决定员工的利益。

如果把员工比喻为一粒种子,那么公司就是培育这粒种子的沃土。如果公司是船,那么员工就是承载这只船的水。没有员工的努力与支持,公司的发展与辉煌无从谈起。所以,公司与员工共同发展,实现的是双赢。

1999年3月,马云决定回到杭州重新创业。

回去时,当初从杭州跟到北京的6个人一个不少,加上其他人一共18个人。当时马云只给他们3天时间考虑,回去的条件是每月只有500元工资,在加拿大MBA毕业的也一视同仁。而这些人在外经贸部要名有名,要利有利。与此同时,各大互联网公司正好在招兵买马,但他们都跟着马云回到了杭州。大家把各自口袋里的钱掏出来,凑了50万元,开始创办阿里巴巴网站。

　　当时他们没有办公室，他们就在马云家办公，把自己封闭在房间里埋头苦干，每天要工作16到18个小时。

　　苦到尽头了，甜头终于来了。2007年11月6日，阿里巴巴在香港上市。为了这一天，有人等待了12年，有人等待了8年，还有很多人没有等到这一天。

　　当初阿里巴巴创业时，天下IT精英蜂拥而至，其中不少人是为了阿里巴巴的上市。然而这些人中的大部分没有等到这一天，他们或是在企业有难时逃走了，或是在阿里巴巴大裁员时被裁掉了。

　　马云和他的"十八罗汉"以及阿里巴巴团队中的骨干，他们不是为了上市、为了股份而来的，他们是为了"做一家伟大的公司"的理想欣然而至。

　　阿里巴巴的成功上市，最高兴的恐怕是阿里巴巴的骨干创业者和员工。阿里巴巴上市造就的千万富翁就有千人之多。阿里巴巴集团旗下5家全资子公司（阿里巴巴、淘宝、支付宝、中国雅虎和阿里软件）的高管都成了百万富翁甚至亿万富翁。这是中国互联网企业历史上从未有过的面积最广泛、数量最巨大的造富运动。

　　当年跟着马云艰苦拼杀的阿里巴巴创业者们得到了超乎想象的回报。在创业初期，马云给他们的允诺是："阿里巴巴一旦成为上市公司，我们每一个人所付出的所有代价都会得到回报。"马云当年的允诺超值兑现了。但别忘了马云当年最先给他们的允诺是"一天12个小时的苦活、不到2000元的低工资、苦难、屈辱和不被理解"。

　　如果没有阿里巴巴的完美团队，相信阿里巴巴的今天绝对不会如此美好。从某种程度上来说，是整个团队的不离不弃、团结合作成就了阿里巴巴，而阿里巴巴的壮大也成就了员工。

　　只有与公司同患难，才可能与公司同成长。而最令人陶醉的成就，是与公司同舟共济、历经艰难取得的成就。如果你能敬业负责，与公司同舟共济，那么你得到的回报必定丰厚无比。

创造利润

只有你为企业创造利润，企业才会给你财富

态度决定成就，效益决定收益。有些人总是抱怨待遇差、薪水少，却没有自问："我到底为公司创造了多少利润？"事实上，只有你为企业创造利润，企业才会给你财富；只有你为企业打造机会，企业才会给你机会！

2006年，香港"十大打工皇帝"出炉，李嘉诚的得力干将、和黄董事总经理霍建宁以1.3亿港元的年收入蝉联"王中王"，李嘉诚的大儿子李泽钜以年收入9200万港元排在第二。从1997年开始，霍建宁一直是香港的打工皇帝。

作为一名员工，李嘉诚为什么每年都给霍建宁那么高的报酬呢？因为霍建宁为李嘉诚的企业屡创佳绩。

1979年加入长实的霍建宁，是李嘉诚亲手栽培的良将。他凭着自己在金融财务方面的才干和踏实的工作作风，一路晋升。1984年升为和黄执行董事，1985年任长实董事。1993年登上和黄董事总经理之位。当时有人说，霍建宁接下了一个"烫手的山芋"。因为，和黄在20世纪80年代后期，受海外业务亏损拖累，股价长期处于偏低水平。霍建宁接手后，不断改组，通过收购合并，成功地将业务由亏转盈。其后，他趁赫斯基石油表现优异，顺势在加拿大借壳上市，令集团从中获特殊盈利65亿港元。

继后，他更接手处理亏损多年的欧洲电讯业务，Orange成立以来，一直蚕食和黄在港的电讯业务盈利，和记电讯变相白做。到1996年，霍建宁毅然分拆Orange上市，成功套现，后来见时机成熟，于1999年底将Orange转售，成功替集团赚取了超过1600亿港元的盈利，创出神话。李嘉诚的事业不断发展壮大，霍建宁功不可没。李嘉诚也给予了霍建宁惊人的回报。

是否能获得加薪，是否有希望被提拔，虽然表面看来决定权在老板手

第一章
利润：公司的命脉，员工的保障

上，但归根到底还是在于你自己！企业要赢利，就必定会重用那些能够为企业创造利润的员工。同时，企业也会给予那些创造出优异业绩的职员最优厚的回报。

如果你想领到更高的薪水，就必须努力为企业创造利润。如果你能不断地提升自己的专业能力，并学以致用，开放你的思路，为企业创造更高的效益，你的前途和"钱"途都必将越来越光明。

创造利润

2. 企业的本质：追求最大利润，满足顾客需求，实现梦想

> 企业的本质，是追求最大利润，满足顾需求，实现梦想。
>
> 如何才能获得最大利润呢？最科学的做法是，为团队树立伟大的梦想，然后通过追求梦想来凝聚团队的力量，从而获得最大利润。

企业因什么而存在？团队因什么而凝聚？这是企业里每一个人都有必要搞明白的问题，尤其是老板和骨干员工。

企业存在的目的当然是为了利润。不过，这并不是企业的全部。詹姆斯·柯林斯所著的《基业长青》一书中描述，高瞻远瞩类企业都有这样一个共性，那就是"务实的理想主义"。也就是说，企业需要一个为社会、为人类的梦想，不仅仅是利润。单纯地追求利润很多时候容易陷入困境，若在追求利润的基础上，努力为实现梦想而存在，这样的企业就很可能会基业常青。任何一家欲成就自己的企业都要清楚这一点：企业因梦想而存在，利润是血液但不是最终目的！

在《活法》一书中，日本伟大的企业家稻盛和夫道出了企业的本质：创办企业，本质上就是追求最大利润，满足顾客需求，实现梦想。

第一章
利润：公司的命脉，员工的保障

追求利润，目的是使企业能生存和发展下去，使企业的每一个成员都有生存和发展的保障；满足顾客的需求，才能实现企业的梦想！

美国一家叫默克的公司在第二次世界大战以后，将链霉素引进了日本，消灭了危害日本社会的肺结核。然而，这家公司最终没有赚到一分钱。难道默克公司的那些管理者是傻子吗？非也。他们之所以这样做，是因为他们有这样一个信仰："我们做的是保存和改善生命的事业，所有行动，都必须以能否圆满实现这个目标为衡量标准。"同时他们相信，这一信仰与赚钱的目的并不冲突，他们说："我们始终不忘药品的要旨在于救人，不在于求利。但是，当我们满足了顾客的需求后，利润会随之而来。如果我们记住这一点，绝对不会没有利润；我们记得越清楚，利润就越大。"事实正是如此：如今，默克公司已经成为日本最大的美国制药公司。

默克公司的此举，非常好地诠释了企业的本质。

而美国的一家造船和码头公司的创办人亨廷顿则用了这样的话来解读企业的本质："我们要造出好船。如果可能的话，赚点钱；如果必要的话，赔点钱。但永远要造好船。"这句话被广为引用并铭刻在公司最显眼的地方，成为了公司的企业文化和员工信仰。

追求梦想，凝聚团队力量，实现最大的利润

企业的本质，是，追求最大利润，满足顾客需求实现梦想。

如何才能获得最大利润呢？最科学的做法是，为团队树立伟大的梦想，然后通过追求梦想，凝聚团队的力量，从而获得最大利润。

如果能认清企业的本质，明确在哪些方面满足顾客的最大需求，就必定能实现巨大的利润，进而实现最初的梦想。如果让梦想和顾客的需求完美结合，就能迅速成就伟大。这就要求企业团队的领导者能够很好地完成这个关

键了。团队领导者若能够鲜明地阐述梦想，就能凝聚团队的力量，开创辉煌业绩，令美梦成真。

马云就是这方面的卓越代表，他非常懂得企业的本质。当年，他从一个普通的高校教师岗位下海，用自己的梦想聚集了一个有梦想的优秀团队，为满足顾客的最大需求而努力，通过实现顾客的梦想，不断地帮助团队树立梦想，并和团队一起实现了一个又一个梦想。

他们凭着对梦想的执着与追求，创造了巨大的利润，积累了雄厚的资本，在短短的时间内缔造了中国最大的电子商务帝国，还收购了雅虎中国，并在2007年公司隆重上市，帮助1500名员工成为了百万富翁，创造了中国商界的神话。

回想1995年马云下海搞"中国黄页"时喊的口号，在当时已经足够让人惊讶——要做上市公司！而现在阿里巴巴喊出的口号更胜当年的上市——要做世界上最伟大的公司，甚至说十年后阿里巴巴要超过沃尔玛。有一段阿里巴巴保存的录像很有意思，录像记录的是1999年，阿里巴巴刚成立的时候，留着长发的马云给他的兄弟姐妹们的演讲："你们现在可以出去找工作，可以一个月拿3000元、5000元的工资，但是3年后你还要去为这样的收入找工作，而我们现在每个月只拿500元的工资，一旦我们的公司成功了，我们就可以永远不为经济所负担！"正是这种对梦想的狂热，使得马云即使处于2000年网络泡沫风起云涌、阿里巴巴处于一个最艰难的时期、自己几乎倾家荡产、员工在马路上号啕大哭时，依然挥舞着他的指挥棒，坚持着要打造中国第一个电子商务网站的信念，还扬言："我要把全世界的商人都联合起来，做80年持续发展的企业……"

正是马云这种让常人认为非常狂妄的梦想，激发着他和他的团队，创造了一个又一个资本奇迹，实现了一个又一个梦想！无论遇到什么样的困难，他们总是义无反顾地向前冲。因为他们心中有梦！如果你明白了这一点，当你走进阿里巴巴公司，发现公司里的每一名员工都非常认真地工作时，你就

第一章
利润：公司的命脉，员工的保障

一点也不会觉得奇怪了。因为他们都在为自己的梦想而努力打拼。当团队里的所有人都为着梦想而努力打拼时，其产生的力量是无穷的，其创造的利润是巨大的，其取得的成就是惊人的、是伟大的。

无数事实证明，如果想创造最大的利润，企业的领导者就必须为团队树立一个梦想，并用这个梦想去领导下属。不断明确、清晰企业的梦想时，团队成员的焦点将会聚集到一个点，从而产生无限的能量。当团队有了梦想，团队成员在工作中就能自动自发，执行就能到位，效率就能很高，成绩自然会很显著，利润自然会很可观。

伟大的公司与伟大的领袖都有一个共同的特质：善于给团队造梦！企业梦想概括了企业的未来目标、使命及核心价值，是企业哲学中最核心的内容，是企业最终希望实现的图景。它就像灯塔一样，始终为企业指明前进的方向，指导着企业的经营策略、产品技术、薪酬体系，甚至商品的摆放等所有细节，是企业的灵魂，可以吸引人才、团结人才、激励人才。同时，它也是企业困难时的方向舵，是在竞争中取胜的有力武器。

个人成功，源于坚持梦想，满足大众需求

有位哲学家说过："世界上一切的成功、一切的财富都始于一个意念！始于我们心中的梦想！"也就是说，发迹其实很简单：你先有一个梦想，然后努力经营自己的梦想，不管别人说什么，都不放弃。如果轻易放弃，梦想就只能是梦想；只有坚持到底，梦想才不仅仅是梦想。

"让全世界到处都跑着吉利的车。"吉利集团董事长李书福经常向人描述他的这个理想。他大张旗鼓地进入汽车行业，进入公众视野，他以对汽车行业的执着被誉为"汽车狂人"，他的梦想是"吉利汽车三分之二要出口到海外""让全世界到处都跑着吉利的车"。

曾经，一位管理部门的官员对李书福说："你造汽车无异于自杀。"李书福回答："那就给我一次自杀的机会吧！"

李书福在工厂里和工人一样在食堂吃饭，生活简朴，穿几十元的鞋，几百元的衣服。因为，汽车是他心中的一个梦想，物质生活和这个梦想比起来并不重要。

"我们要打造一家百年汽车公司。"李书福不止一次地表示，"要让吉利的车走遍全世界，而不是让外国车走遍全中国。"——以前他把造车自嘲为"自杀"，而今他已经有底气对世人宣告他的"光荣与梦想"。

企业领导者有一个重要的使命，那就是给团队造梦！并且经常与团队交流梦想、强调梦想，让它深入团队的心里，也只有这样，梦想才能从你脑海或纸上跳出来，进入团队的生活，否则，它不过是空想而已！

你的梦想是什么？如果你是企业的领导人，这是你必须要考虑的问题，因为这决定着企业的成败。

如果你有清晰的梦想，你是否把你的梦想和团队的梦想结合起来，让团队也拥有梦想了？因为这关系到企业的凝聚力和战斗力。

如果你为团队树立了梦想，你是否确定这个梦想和大众的需求是一致的？因为这决定了企业是否能创造利润，是否能持续地创造利润，是否能创造出巨大的利润。

事实上，企业里的每一位有心人，都应该好好地思考这些问题。

第一章
利润：公司的命脉，员工的保障

3. 创造利润者生存，入不敷出者淘汰

> 对于企业来说，创造利润者生存，入不敷出者淘汰。对于员工来说，帮助企业创造利润，就是保障自己的生存和发展。

在自然界里，兔子几乎是所有肉食类动物的捕食对象。无论是地上的狮子、狼、狐狸，还是天上的老鹰，几乎没有不吃兔子的。按常理来看，兔子早该灭绝了，但事实却相反，自然界最伟大的生存冠军或许就是看似绝对弱者的兔子。兔子是世界上分布范围最广泛、数量最多的小型草食类动物之一。澳大利亚的草原牧场主曾经采用过各种方法对付日益增多的兔子，但效果都不理想。一些牧场主甚至在整个牧场都铺上了铁丝网，妄图把所有兔子都堵死在窝里面，但兔子大量存在以致草坪被严重破坏的问题依然没有得到解决。

事实上，这并不是说单个兔子的生存能力非常强大，兔子作为个体的生存能力是很弱小的，它们一不小心就成为了肉食类动物的食物。它们的生存能力强大是相对于整体而言的。兔子的死亡率很高，但它们的繁殖能力却大得惊人。繁殖能力就是兔子整个族群生存下来的核心竞争力。

兔子的超级繁殖能力实在太引人注目了。在意大利著名数学家斐波纳奇的《算盘书》中，最著名的问题就是"兔子繁殖问题"。经过一系列的计算

创造利润

之后,斐波纳奇告诉人们:兔子这种超级的繁殖能力在特定的条件下,会出现令人瞠目结舌的结果。

著名启蒙思想家、文学家卢梭在逃亡的时候,曾经在美丽的圣皮埃尔岛住过两个月。据传卢梭当年在岛上养了很多兔子。许多年后兔子因惊人的繁殖力泛滥成灾,当地人不得不大规模捕杀,小岛也因此被叫作"兔儿岛"。

兔子不会像人类那样去考虑什么种群数量之类的问题,它们的想法就是生存和繁衍后代。如果它们的繁殖能力下降一半,兔子就要面临灭绝的命运。大自然只给了它们两条道路:要么生存,要么灭绝。

事实上,任何一个人都不希望被淘汰,任何一家企业都不希望灭亡,"生存"是任何一个生命的本能。因此,身处企业中,每个人都要思考:我们如何才能不被淘汰?我们如何才能生存得更好?

企业要生存,就必须创造利润;员工想不被淘汰,就必须创造利润。

谁能创造利润,谁就能生存下去;谁创造的利润越多,谁就能发展得越好。

适者生存,不适者被淘汰,没有第三条路

适者生存,不适者被淘汰。这是自然界的铁律。

创造利润者生存,入不敷出者淘汰。这是企业界的铁律。

为了企业生存和发展,为了创造利润,企业里的每一个人都应该懂得这个铁律,都应该学习"适者生存"的道理。很多企业提倡狼性生存,学习狼道,原因就在这里。

这个细节值得我们思考:当狼拖着受伤的右腿逃生时,右腿会成为前进的阻碍,它会毫不犹豫地咬断自己的腿,以求生存。因为它知道,生存是第一位的。

在小狼刚有独立能力的时候，母狼就会让它们独自去捕食，"狠心"地让它们去面对凶险的环境，在实践中学会独立生存。当今社会竞争日趋激烈，要想在社会中谋得一席之地，就要学会生存。

华为之所以被称为"狼性华为"，很大一部分是因为和狼一样坚持"生存第一"的信念。活下去，不惜一切代价地活下去，这就是华为生存并壮大的秘密。任正非对华为的每一位员工灌输着这样一种理念：要么成为领先者，要么被淘汰，没有第三条路。

生存是什么？生存就是想方设法地活着。只要能在这个世界上活下去就好。只有占据绝对优势的一方，才有资格大讲道德。这就是真实的世界，真实就是这样残酷。它不会给那些弱者一丝一毫生存的机会。企业必须拥有雄厚的实力，不断创造出丰厚的利润，才能生存得很滋润，发展得昂首阔步。如果一直入不敷出，整天活在危机之中，哪里还有资格谈别的。

对于企业来说，创造利润者生存，入不敷出者淘汰。对于员工来说，帮助企业创造利润，就是保障自己的生存和发展。

无论企业还是个人，都时刻面临着生存竞争

虽然淘汰充满着残酷和无情，但正是残酷和无情的淘汰促进了社会的进步。任何一个企业，要保持活力、保证不落后，就必须不停地淘汰不适合自身发展的各种落后因素：落后的管理理念、落后的经营政策、落后的产品、落后的服务、落后的用人体制以及不适合的员工。只有不断地淘汰落后的、不适合的，才能持续保持先进的、适合的，才能生存下去，才能不断地发展。

如果你随便问一个美国人，在他的生活中，什么是他所面临的最大问题？他会说："生存竞争。"这是他的肺腑之言，因为事实的确是这样。当

创造利润

然在当今世界，"生存竞争"并不是生物界所说的为了食物为了生存而进行的你死我活的竞争，而是追求成功的竞争。他们在竞争中感到的恐惧，不是第二天是否有足够的食物，而是他们将不能战胜自己的对手或者失去工作。

美国硅谷，这个世界上智慧的大脑最密集的地方，每年有几百家新公司成立，但人们发现这里的公司总量却反而在持续减少，因为每年破产倒闭的公司更多。

与其说我们生活在一个生机勃勃的时代，不如说我们处在一个充满生存和淘汰的时代。在淘汰中求生存，在竞争中求发展，无论对个人还是对团队来说，都是如此。

第一章
利润：公司的命脉，员工的保障

4. 要基业长青，就要永远扛住利润大旗

> 只有永远扛住利润的大旗，抓住满足市场需求、不断创造利润这个关键，企业才能生存和发展下去，才能保障每一位员工的生存和发展。

利润是企业的命脉，任何企业都应该为利润而努力，这是天经地义的事情。不管企业的理想有多么高远，利润都是企业得以持续经营的根本。很多公司之所以未成气候，就是因为它们在开始的时候追求成长，高歌猛进，而在业务达到一定规模需要收获利润时，才发觉它们的业务模式缺乏持续的竞争力。

随着原材料价格、运输成本、广告成本、管理成本等的大幅度上涨，以及整个行业的过度竞争，日化行业已进入严冬，面临"销量上升，销售额持平，利润下滑"的境遇。

因为利润一直不见起色，和"小护士""中华牙膏"一样，曾经辉煌一时的日化企业大宝卖给了美国强生公司。

大宝只是国内日化行业江河日下的一个缩影。在本土日化制造企业的最大集中地广东，一个新趋势就是倒闭的日化公司比新开的公司多。

利润是公司的命脉，员工的保障。如果没有了利润，公司就只能垮掉；如果没有了利润，员工就未来难测。只有永远扛住利润的大旗，抓住满足市

创造利润

场需求、不断创造利润这个关键,企业才能生存和发展下去,才能保障每一位员工的生存和发展。

掌控好创造利润的四个定律

要想企业长久地良好地经营下去,就必须紧抓创造利润这个核心大事,永远扛住利润这杆大旗。

其实,利润吸引人的地方,不仅是利润本身,还有利润创造的过程。

如何持续地创造利润,使利润大旗永不倒呢?必须掌握和实践好创造利润过程中蕴含的四大定律。

定律一:利润隐藏在产业链的薄弱环节之中

发现了产业链的薄弱环节,就找到了利润池。如果找到的利润池离你最近,即使管理基础差一些,也不妨碍获得足够的利润;反之,如果那是一个濒于干枯的利润池,则最好早点走开。

为了发现利润池,企业必须首先发现产业链的薄弱环节,而衡量产业链强弱的标准只有一个,就是客户价值的高低。相应地,导致产业链出现薄弱环节的关键因素有三个:客户需求转移、不完善的业务模式、不成熟的产品和技术。

定律二:利润通过利润通道直达利润池

在利润通道中,企业向客户提供价值,客户则用利润回报企业对产业链的修补。常见的利润通道有三条:一是以优化产品的性能为核心,倡导产品领先;二是以满足客户的需求为核心,倡导客户至上;三是以提高企业的效率为核心,倡导低成本运营。即使没有找到新的利润池,或者距离利润池较远,只要利润通道畅通,你同样会收益颇丰。

定律三：利润发动机创造利润动能

你要在利润通道上安装利润发动机，保证利润之流源源不断。企业可以通过掌控技术路线图、产品创新平台、专利和标准、市场定位及品牌、整体解决方案、客户体验、战略采购、分销及库存监控、售后服务这9个利润点来增加利润动能。如果你找准了利润池，铺设了利润通道，这时你的执行力越强，利润动能就越大，利润也就越高。

定律四：客户为利润发动机补充燃料

为了启动利润发动机并让它高效运转，你需要为其提供充足的燃料，最优质的燃料来源就是客户。如果在前面三个环节上你都无法超越对手，客户就是你最后的机会。你不要被动地为客户服务，而应该谋求主动地与客户结盟，甚至让客户为你服务。

这就是利润的四定律。你应该利用第一定律发现产业链的薄弱环节和利润池，利用第二定律确定价值定位和利润通道，根据第三定律选择关键利润点予以重点突破，最后利用第四定律让客户推动企业转型。

如果面临产业结构的重大调整，你必须重新审视利润池是否已经出现漂移。利润池已经漂移就意味着不仅需要重整利润通道，同时要改变利润点的布局。

如果产业环境还比较稳定，但是赢利状况却每况愈下，这时你可能需要重新点燃利润发动机，借助客户力量焕发企业生机。

发现利润池、铺设利润通道、安装利润发动机、启动利润发动机，都需要有组织、有计划地进行，必须确保你的领导力、战略、流程与文化协调一致。这样的转型极不轻松，可是别无选择。为了从利润之舟领到奖赏，你必须体现出与众不同，不需要十全十美，但是必须在某些环节上出类拔萃。

创造利润

见钱眼睛亮，才能发现利润池

要创造利润，就要做到"见钱眼睛亮"，尤其是老板，这样才能维系企业的命脉。如果老板见钱眼睛不亮，那么他就等于是把企业的命脉给忽略了，自然企业发展也就无从谈起了。

有伟人说，兴趣是最好的老师。不爱钱，岂能做好生意？**做生意是一件非常复杂的事，其中的艰辛非局外人所能理解，它需要一个人付出的智慧和毅力，不比别的任何一项事业少。所以必须处处用心，发现机会，所谓"见钱眼睛亮"指的就是这种敏锐。**

世界上有那么多企业，但是能成为行业的佼佼者的却凤毛麟角，为什么？因为它们缺少百折不挠的坚毅品质。成功者为什么能坚持下去？因为这些企业的领导者都是有理想、有激情的人。在商场上，赚钱是通往任何理想的唯一途径，对于商人来说，不赚钱就一切免谈。见钱眼睛不亮，就意味着忽视利润，忽视前途，意味着缺乏斗志，缺乏理想，缺乏自我鼓舞的能力，就很容易被挫折击倒，也谈不上对他人或对自己负责。

戴尔公司的创始人迈克尔·戴尔在任何时候都不忘利润，任何时候见到利润都会眼睛发亮。他创立公司的时候才19岁，并且担任了多年的CEO。在谈到财富品质时，他说："我相信，机会既来自直觉，也要靠着对某个产业、事物或专业的狂热投入。戴尔公司的经验证明，人可以发掘并掌握大家原本以为不存在的机会优势。想要做到以非传统的方式思考，不必是天才，也不必是先知，甚至不用有大学文凭，所需要的只是一个架构和一个梦想。"

正因为他是这样的人，所以他才能在12岁时就热衷于为邻居推销邮票，上初中时就自己组装电脑卖给熟人，并且在这一系列的商业活动中发现"直接销售法"和"市场细分法则"。

忘记了企业的命脉——利润，即使有最佳的产品、最好的形象、最优秀的员工，企业也会很快陷入困境。一家成功的企业总需要经历追随者——生存者——领导者的过程。而世界500强每年的名单都不同，这一事实告诉我们：每一家企业都有机会，但又要正确认识自己，脚踏实地。

要企业生存和发展，唯有牢牢把握住利润这个企业的命脉；要基业长青，唯有永远扛住利润大旗。这是经营企业的不二真理。

创造利润

5. 重视大钱更要重视小钱：小钱是大钱的祖宗

> 要创造利润，就必须明白这样的道理：重视大利润，努力挣大钱，但更要看重小利润，不放过赚小钱的机会。大利润都是由小利润累积而成的，大钱都是由小钱汇总而来的，小钱是大钱的祖宗。

冰冻三尺，非一日之寒。一口吃不成胖子。要想成功，就需要为其做好各方面的准备工作。开公司做老板也是同样的道理，要想赚钱，就得一步一步来，脚踏实地地干下去，不管是多大的订单，还是多小的利益，都得照单全收。切不可不把小钱放在眼里。只有积少成多，才能获得大发展。

有一个大学生毕业后去南方打工，他理想的工作是环境好、挣钱多且体面，但这样的工作他一直没有找到。一天早上，在街边的早点摊上吃早饭时，他与摊主大妈聊天时，大发感慨说，钱这东西真难赚，做小生意赚不了钱，自己又没有本钱做大买卖等等。摊主大妈听他诉完苦后，用手指着路边的石子，带着微笑，很认真地对他说："呵呵，不难！从现在开始，你天天去捡路边的石子，等全部捡起来再卖掉，你不就有本钱做大生意了吗？这不要你花什么本钱的。"

当时，小伙子对这个建议嗤之以鼻，并在心里嘲笑摊主大妈："那得多少年？难怪你只是一个卖早点的，你也只能靠卖早点赚点小钱。"在此之后，小伙子跳了几次槽，但还是没挣到钱，还是在怨天尤人。过了几年，小伙子又与摊主大妈相遇了，这时的摊主大妈凭着其"捡石子"观念，持之以恒，积少成多，现在已为三个孩子买了三套房，还帮小儿子买了一台车跑运输。交谈结束后，小伙子觉得自己这几年的光阴白白浪费了，他更领悟到：与其感慨、等待、幻想着发大财，还不如踏踏实实地赚小钱。

曾有位百万富翁说过："小钱是大钱的祖宗。"现实中的好多百万富翁当初就是靠赚不起眼的小钱而起家的。据统计，国外90%以上的大富豪是白手起家或靠小本经营起步的，只有不到10%的人是靠继承遗产发家的。在中国，改革开放之前全是穷人，靠赚小钱起家的恐怕要占到99%以上。

不少人都有这样的愿望，总梦想有朝一日能财源滚滚而来，自己潇洒地做一回大老板。但大多数人终其一生，却难以梦想成真。这是什么原因呢？是因为有些人赚钱心太急切了，导致了致富心态的错误。他们只想发大财、赚大钱，能赚小钱的机会看不上眼，忘了积少成多、聚沙成塔的道理。

重视小钱，大利润都是由小利润累积而成的

要创造利润，就必须明白这样的道理：重视大利润，努力挣大钱，但更要看重小利润，不放过赚小钱的机会。大利润都是由小利润累积而成的，大钱都是由小钱汇总而来的，小钱是大钱的祖宗。

不要嫌钱太少。有的人"大钱赚不到，小钱不愿赚"，结果总是愁钱用。事实上，赚小钱是赚大钱的必要步骤，因为在赚小钱的过程中，可以增加经验、见识、阅历，培养金钱意识和赚钱能力，同时积累人情关系。试想，一个连小钱也赚不到的人，他能管理得了数百万数千万乃至数亿规模的企业吗？所以，人要想赚大钱，别指望"一口吃成个胖子"，还是要脚踏实

地，从小钱赚起。

在一般人眼里，补鞋匠做的是又苦又累的差事，他们干的活很苦，收入却很低，但是温州人并不这么想，他们从几毛钱缝缝补补做起，聚沙成塔，每年纯收入居然可达数万元。他们正是通过做这种别人看不上眼的生意，挣小钱，然后日积月累，积少成多，最后回家开办工厂和建立企业。这是南方人典型的创业模式。

一厘钱也能致大富。这听起来似乎是天方夜谭，而且现实中也没有面值一厘的货币。但细想起来也不奇怪。因为聚沙成塔、粒米成箩、一厘钱的利润从单个看确实是微不足道，但如果产量上去了，规模达到了，就会成为可观的财富。不少美国企业对拥有十几亿人口的中国消费市场很感兴趣。一家经销阿司匹林的公司的经营者曾感叹："上帝啊，如果我们能够每一天卖给一个中国人一片阿司匹林，我们的销量将翻倍地增长！"

大钱小钱都要赚，能赚几分几厘的机会也绝不能松手。这是温州人总结出的成功经验之一。他们的商业价值观非常独特，曾响亮地喊出了"赚一厘钱也光荣"的口号。比如纽扣生意，一粒纽扣的利润真的不足一厘，他们也做得兢兢业业、高高兴兴。不积跬步，无以致千里，温州人就靠这一分一厘的集腋成裘，完成了他们的原始积累，为其后来的第二次、第三次创业奠定了雄厚的资金基础。

温州人能够把不起眼的纽扣生意做成大生意，正是温州人赚小钱、算大账的集中体现。其他地方的人往往是大利大干、小利小干、无利不干，但温州人却是大小通吃、大小兼容，不管大利小利，是钱就赚！他们的商业哲学是："唯利是图"不足取，"微利是途"却能积少成多，是生财之道、赚钱之术。

20世纪70年代末至80年代中期，温州人经营的几乎全是赚小钱的买卖，如钉皮鞋、裁衣服、开饭店、做纽扣、做皮衣、卖小家电等等。他们赚一厘钱也光荣的创业精神使得他们在经营活动中百折不挠、锲而不舍、前仆后

第一章
利润：公司的命脉，员工的保障

继，不仅极大地推动了温州经济的发展，还最终用小商品催熟了大市场。现在，温州成了全国最大的皮鞋生产基地。

温州人不仅爱赚小钱，而且连眼前没利润但将来有利可图的不赚钱买卖同样投入很大的热情。

"一分钱也要赚"，这种经营观念不仅体现了温州人的赚钱欲望，更是其赚钱智慧的高明之处。这种经营观念应为各企业所具有和应用，拥有这样观念的企业，才能更好地关注企业利润，提高企业利润。

"薄利多销"是应对微利时代的不二法门

如今，市场越来越规范，竞争越来越激烈，创造一夜暴富神话的机会已经极少了。而且，任何一个行业，只要利润空间稍大，就必然会有大量资本迅速进入，利润就会陡然下降。摆在全球企业界人士面前的一个难题就是：怎样面对这个微利时代？

"薄利多销"是应对微利时代的不二法门。它既能使产品较快地进入买方市场、提供有效供给、服务于社会、产生产品的综合效益，同时，又能促进企业生产力的充分发挥，从而增加生产、加速资金周转速度、盘活生产资金，是增加企业赢利的有效管理手段。

微利之下赢取利润，这是温州商人的拿手好戏，最为经典的莫过于温州商人销售打火机。

在1993年上半年，温州打火机市场进入了一个癫狂的膨胀状态。温州的打火机厂家从原来的不到200家急剧发展到3000多家。因为温州打火机只要10元钱，而日本、韩国这些国家生产的同一类型打火机要价是300元至500元。价格得悬殊实在是太离谱，所以，那个时候温州到处是前来收购打火机的老外。当时夸张的说法是，即使你发给老外的货箱里装的是石头，老外也不管那么多地带走，货款照付不误。那个时候，如果温州人将打火机的价钱涨高几十元钱，也不会影响其火爆的生意。但温州人没那样做，为什么呢？如果你知道今天温州打火机，产量占全世界产量的70%的话，就不会问为什么了。

温州人很聪明，他们知道做生意无非两点，赚利润与赚市场，他们正是在通过赚微利来赚市场。

特别是中国的经济在告别了物资短缺的计划经济以后，市场已经进入了一个微利的时代。**在这个微利时代里，温州人那种"大钱小钱都赚""赚一厘钱也光荣"的商业思想就更能够适应。**

要创造高利润，就千万别小看"小"产品

当今社会，发财是不少人最真实的愿望，但为什么发大财的只是少数，更多人终其一生也难以致富呢？很可能的原因是，大多数人赚钱的心太迫切了，导致了致富心态的错误，他们只想发大财、赚大钱，对能赚小钱的机会看不上眼。

买彩票中大奖的人毕竟是少数，更多的人还是生活在平淡而现实的生活中。但是，在日常生活中，靠劳动赚小钱的机会犹如刮风下雨，却是隔三差五就能够遇见的，就看你愿意不愿意抓住它、利用它。能够靠继承祖业、技术专利等方式迅速赚到大钱当然最好，但如果暂时还不具备赚大钱的条件，倒不妨去脚踏实地地赚些小钱。小钱赚多了，生意经营做熟了，不就成了大钱？

要想赚大钱创造高利润，对"小"产品就千万不能小看。小产品只要一以贯之、不断创新，就能获得令人羡慕的成功。世界500强中的美国吉列、麦当劳，其当家产品也不过是剃须刀、汉堡包加薯条的小产品而已。日本尼西

奇公司则是凭借一块尿布闯天下，使不起眼的尿布生意成为畅销海内外的大生意。

事实上，真正的大富豪在致富之后，依然重视赚小钱的生意。

美国石油大王哈默对利润才几分钱的铅笔生意同样非常重视。有一次，他去苏联访问，发现铅笔很贵，就知道苏联制笔业落后。但当时苏联有一亿多人口，而且政府号召工人农民加强文化学习，所以铅笔的用量相当惊人。于是，哈默访问结束回国后，就马上买了机器、盖起了厂房，生产铅笔，年产量巨大，出口苏联，大赚了一笔。

真正懂得经营之道的人，都不耻于赚"小钱"。他们往往善于抓住身边的小钱，不让赚钱的机会从身边溜走，哪怕是"一分钱"的机会。

经营企业，只有善于赚小钱、喜欢赚小钱，才能把利润"一网打尽"。

微利时代，一分一厘的利润都不能放过，一分一厘的赢利机会也不能放弃。因为，只有量的积累，才能达到质的飞跃；只有积少成多，才能使企业利润不断增长。

创造利润

6. 现金为王，稳健为先

> 现金为王。没有资金，很多事情都没法顺利进行下去，从而使企业运营陷入被动之中。如果现金流顺畅，资金链牢固，企业就能很好地发展，更稳健地创造利润。
>
> 稳健为先。坚持稳健的原则，降低资金管理的风险，是直面危机、化解风险的最好办法。

企业要生存和发展，必须能够持续地创造利润；要创造利润，就必须拥有正常的现金流运转。

事实上，绝大多数经营过企业的人都明白这样的道理——现金为王。没有资金，很多事情都没法顺利进行下去，从而使企业运营陷入到被动之中。如果现金流顺畅，资金链牢固，企业就能很好地发展，更稳健地创造利润。

金融危机过后，全球经济增长乏力，企业的生存压力也进一步加大。在这种形势下，企业的经营理念和管理方式也要随之发生转变，才能使企业立于不败之地。"现金为王，稳健为先"，将是未来一段时间里中国企业现金及财资管理、资金流健康的八字真经和安度危机的法宝。

市场导向，稳健发展

经济学专家经过研究发现，那些实现基业常青的公司都有一个共同的特点：将稳定经营作为一项基本方针，且非常注意降低经营中的风险。中兴通讯就是一个稳健发展的典范。

中兴通讯原董事长侯为贵的个性倾向于温和求稳，执掌中兴30年以来他追求的目标是，比市场整体增长速度要快一些，而比这个行业增长最快的公司要慢一些。

当年，作为一家高科技公司，中兴算不上是成长最快的，相反，侯为贵大多数时间是在有意控制它的发展速度，以免它发展太快而"脱轨"。作为一家每年销售额达几百亿元的大公司，中兴的管理不是最有名的，它不像很多公司一样在管理上推出一套又一套吸引人的理论或体系。在管理学者们眼中，它的管理甚至是不专业的，侯为贵和副总经理殷一民也在不同场合多次坦承中兴"做事不够专业"。但是，毫无疑问，中兴是其所属行业中，成长最为稳健的公司。

在管理学中有一个"第五级经理人"的说法：那些贡献最大的卓越企业家，通常具有如下的主要特点：第一谦虚，第二克制，第三持久。这正是侯为贵的真实写照。与之相应，体现在中兴的管理中就是稳健、低调和追求永续经营。

从中兴成立之初起，侯为贵就将永续经营作为一个理想，而为了将中兴打造成一家永续经营的世界一流的公司，稳健的发展轨迹就成为了最大的挑战。为此，在低调和表面的不专业背后，中兴逐步发展出了一套独有的但的确是有效的管理理念和体系。

从一开始，侯为贵就力图使中兴稳健发展。他这样做或许并不是基于这样的认识,而是基于企业生存和发展的需要,他的个性和中兴的经历都使他倾向于求稳。

首先,他将诚信和守法经营作为中兴经营管理中的天条,这是永续发展的一个基本前提。但同时他又希望中兴有比较大的发展,这使他不能错失任何大的机遇——在通信行业,错失这样的机会可能是致命的。所以,他发明了低成本尝试这种战略,并且长年始终固守住通信这个行业和自主知识产权研发的道路,抵抗住了各种诱惑。总结多年的管理经验,中兴通讯的管理理念已经越来越明确,那就是将中兴打造成一家稳健发展、市场导向、高效运作的公司,而其核心就是稳健和永续经营。

第一章

利润:公司的命脉,员工的保障

7. 盲目多元化，赔的人多赚的人少

> 做生意讲究"不熟不做"，经营企业讲究做精、做专、做强，因为利润往往在你能够做得最好的事情上产生。

在创造利润上，有很多人提倡专业化，走精专之路；也有不少人在取得一些成功后，就追求多元化，希望在更多的领域里挖掘利润。

对于企业来说，到底是专业化好还是多元化好，这是"仁者见仁，智者见智"。在世界企业里，无论是走专业化之路者，还是走多元化之路者，都有大量的成功范例在。

宝洁公司的产品有花生酱、蛋糕混合剂、咖啡、洗衣粉、食油、牙膏、香皂、卫生纸、洗发水等，虽然涉及的行业比较广，但这些貌似无关的业务实际上存在着十分显著的协同效应，即它们作为日用品在批发渠道、零售网点、顾客群、广告风格和形象、营销技巧等方面均是统一的。

美国佩恩公司也是多元化发展的典型，这家公司经营铁路、房地产、建筑公司、旅店、输油管、炼油业、游乐园、运动队和投资公司，业务十分红火。

在这种形势下，有为数不少的企业家认为，企业发展应该走"多元化"道路，房地产、金融证券、生物保健品、酿酒业、IT行业，什么都想来一

把。但最后他们发现，由于自己专业知识的匮乏，以及其他方面的一些原因，结局大都是"各线告急"，弄得一塌糊涂。

有些做企业的人之所以有这样的思想，其主要原因就是："这山望着那山高"，企业的经营完全变成了"游击战"，打一枪换一个地方。东挖一个坑，西挖一个坑，"四面出击"最后的结果就是"四面楚歌"，企业也就在这种"游击战"中渐渐地迷失了自己。

为什么搞"多元化"发展的企业成的少、败的多呢？最主要的原因是：

一、能力不足

一个人的知识面是很有限的，即使是见多识广的企业经营者和骨干们，也不可能做到面面俱到，在每一个行业都堪称专家。而任何一个行业都是看似简单，实则并不简单。每个行业都有其各自的取利之道和回避风险的办法，这一点作为一个外行人是看不到的。其所能看到的往往只是一些表面现象。

二、资源不足

这里包括人力、资金等企业发展所必需的资源。因此，过去是酒厂的副总，现在变成了房地产公司的老总；过去的办公室主任，现在变成了证券投资公司的总经理，而这些人在专业知识方面和管理经验上是严重不足的。每上一个项目，都需要一定的资金，而企业的现状却是根本无力去"四面开花"！于是，各个项目都被拖住，从而导致一个好端端的企业就衰了，垮了。

盲目多元化，容易赔钱，难创利润

究竟是不熟不做、走精专道路更容易让自己创造利润，赚到大钱；还是走多元化道路，开拓更多出路能让自己赚更多的利润呢？作为过来人，史玉柱在这方面有着特别的感受。

20世纪90年代，史玉柱频频出手，开始走多元化之路，其中之一就是斥资数亿元欲在珠海修建70多层的巨人大厦。结果此建筑只建了3层，最后，成为了当地著名的烂尾楼。

此外，服装实业部、化妆品实业部、供销实业部等十几个实业部宣布成立，并先后开发出了服装、保健品、药品、软件等30多类产品，但最后大都不了了之。史玉柱在一次演讲中不无风趣地说："我的领带是最多的，因为服装实业部当年生产的那些领带，至今还有不少堆在家里。"

从头再来后，靠"脑白金"和"黄金搭档"的大卖，史玉柱又恢复了往日的风光，重回财富"巨人"行列。鉴于往事，史玉柱下了一个结论："优秀企业的失败不是因为生产、发展出了什么问题，而往往是因为不恰当的投资。中国民营企业面临最大的挑战不是发现机会的能力，而是能不能经得起诱惑。企业一定要注意在经营项目上的专业化，只有在一个领域内的精通和优秀，企业才能得到更好的发展。"

史玉柱曾告诫一些企业家："现在的民企几乎无一避免走多元化之路，一做大就多元化，但往往三五年就完蛋，我就这样完蛋过一次。其中道理很简单，领导者的知识面、团队的精力、企业的财力都是有限的，但机会是无穷的。现在各领域的竞争都是白热化，企业只有发挥最大的精力，形成核心竞争力才能立足，投资不熟悉的领域一定要慎重，宁可错过100次机会，也绝不要投错一个项目。"

为了把风险降至最低，巨人公司里成立了一个由7人组成的投资委员会，对需要投资的项目举手表决，尽管有时也会错失一些好的机会，但是史玉柱不后悔，因为这远比一次错误的投资项目带来的损失小。

做生意讲究"不熟不做"，经营企业讲究做精、做专、做强，因为利润往往在你能够做得最好的事情上产生。

创造利润

认清自己，先做专做强

对于多元化发展，美国管理学家内尔松·瓦尔韦德用"雄狮""骏马""金貂""山猫"四种形象来表达公司在扩张和多元化行动时分别应持有的风格和原则。

雄狮型公司实力雄厚，在所处行业中居领袖地位，有足够的实力在利润丰厚、风险较高的众多行业中广泛撒网，碰上对手就用各种手段倾力消灭。这种战略是以其雄厚的财力、成熟的管理和领先的技术为前提的。

骏马型公司是以实惠型买卖、制度化营销和较为宽广的细分市场业务量为特征的，虽然也强调多元化，但在稳健和高风险高利润之间选择前者，赚取的是较低的附加价值。

金貂型公司的特点是专而精，实力很强且业务附加值较高。

山猫型公司在专业化中走稳健道路，薄利多销，力求做透、做细。

显然，一家企业想要多元化，必须要考虑到自己的实力和特点，综合多方面的因素再做出决定。多元化是个陷阱还是个宝藏入口，你看准了再跳。

从中国现在的企业整体状况来看，有条件实施多元化战略的公司只是少数，绝大多数的企业还得耐心做金貂和山猫。多元化所需的市场环境的成熟是一个渐进过程，也是一个国家或地区经济逐步繁荣的缩影。只有大量的多元化公司功德圆满之时，我们才能发出这样的感叹：我们的企业成熟了，我们的经济体系成熟了。

在当下的大环境里，小心驶得万年船。不要追求一时的风光和利益，因为做企业是一场马拉松赛跑而不是短跑。没有把握的事情，千万别轻易出手，因为供你挥霍的资本和机会不多。做专做强，稳打稳扎，步步为营，永远是做事的长远之策。

第一章
―――――― 利润：公司的命脉，员工的保障 ――――――

第二章

为公司省钱，就是为自己谋福利

　　对于企业来说，节约就意味着创造利润。每节约一分钱，利润就会增加一分。节约与企业每个人的切身利益也密切相关。节约不仅是一种道德理念和价值观，更是一种核心竞争力。能够节约的企业，会在市场中游刃有余，基业长青；能够为企业节约的员工，会在职场中脱颖而出，前程似锦。

> "在经营中,每节约一分钱,就会使利润增加一分,节约与利润是成正比的。"
>
> ——前"世界船王"包玉刚

1. 节流是企业活下去的根本

> 节约是企业最容易创造利润的方式之一，也是一家企业活下去的一大根本。向"节流"要利润，任何时候都是简单有效的经营法则。欲让创造利润成为习惯，培养"节流"的习惯是第一步。

养成创造利润的习惯，首先要学会"节流"。节约是企业中最容易创造利润的方式之一，也是一家企业活下去的一大根本。在节约的同时，再努力开源，就很容易在行业里脱颖而出。事实上，从某个角度上看，"节流"也是一种"开源"。

无论是金融危机之下，还是在经济繁荣之时，"开源节流"都是企业生存和发展的基本原则。尤其是在经济危机之时，企业更要学会节流。因为金融危机的直接影响就是从银行或者其他金融机构借钱不容易了，所以要想活下去，开源不成就节流，这是很基本的生存法则。

以奥康皮鞋为例。一双皮鞋生产出来需要经过50多道工序，只要每道工序稍加留心少浪费2分钱，一双鞋生产下来就可以节约1块多钱，从而使奥康每年能轻松增加1500万的利润。所以，奥康一直在大力推行"精益生产"，抠出成本优势。

向"节流"要利润，任何时候都是简单有效的经营法则。

向"节流"要利润，就能"低成本，高利润"

把节流发挥到极致的，还得数王永庆。

从开米店到造就台塑的辉煌，王永庆始终将"低成本，高利润"作为经营台塑的六字方针。他曾经在公开演讲中多次强调，经营企业必须牢记"物美价廉"这四个字。产品的价格要低廉，就必须要降低成本，而降低成本正是王永庆的看家本领。

1982年11月，王永庆以1950万美元买下美国JM塑胶管公司。该公司在全美设有八个PVC下游工厂。当时由于经营不善，JM塑胶管公司一年要亏损1400万美元。

王永庆接手之后，立刻运用台塑模式的管理方法对公司加以整顿，努力降低成本，提高生产效率。到1984年，公司扭亏为盈，创造利润600万美元。

这家公司下属八个工厂原来要雇用1200多人，到1984年10月已减至800多人，而产量方面却增加了50%。台塑接管这家公司时，每个生产工人的平均产量是12吨，到1984年底则增加到30吨。仅仅两年的时间，生产量达到了原来的2.5倍，真是一个奇迹。

王永庆降低成本几乎达到了"绝无下限"的地步，这一点让他的竞争对手甚至合作伙伴都感到头疼。

1981年，王永庆为了节省PVC原料的运费，决定成立一支船队直接从美国和加拿大运回PVC原料二氯乙烷(EDC)，所以需要采购一批化学运输船。

章永宁是当时中船公司的董事长，他意识到如果能够争取到国际闻名的台塑的订单，那就证明中船具有承造要求极其严格的化学船的能力。于是，章永宁与其他九家知名的造船公司展开了激烈的竞争。在十家公司竞标时，中船并非标价最低，但是在议价时，中船为了取得订单，一再忍痛降价。双方讨价还价，眼看就要成交，最后王永庆希望中船能将价格的零头——50万美元去掉。

章永宁听后欲哭无泪，中船经过几个月的千辛万苦，价格已经到了赔本的地步，王永庆还要压价，于是他悲愤交加地说："王董事长，我们还是好朋友，这笔生意我不做了。"没想到王永庆感动之余，还是把造船的订单下给了中船。

台塑船队开航之后，原来每吨100美元的运费，很快降到40美元左右。如果一年以运20万吨计算，等于节省了1200万美元，大约是一艘化学船造价的三分之二。由于船期与运费都很稳定，台塑从此不再为原料担心。

学会节流，就能大大提高利润和效率

对于降低成本，许多人认为王永庆一味追求利润，唯利是图。事实上，王永庆努力追求的是生产的合理化，努力发掘资源的价值，尽可能减少无谓的浪费，一切唯效率是图。

20世纪80年代初期，王永庆发起简化表格运动。原来在公司运营中要用到的7000多张表格，通过无数次的讨论，在王永庆不断追问每张表格的用途与流程之后，砍掉了一大半，不但降低了公司运营成本，而且大大提升了工作效率。

台塑高雄厂的裂解炉原来的燃料是柴油，为了节约能源，经过研究，决定改用重油，结果两个氯乙烯(VCM)厂一个月就省下了上千万新台币的燃料费。

在台塑，类似的事例数不胜数。难怪王永庆要说："过去台塑集团的总利润中95％来自永无止境地降低成本。如果没有这些改善，许多事业都可能

要亏损。"

王永庆也把一系列的方法用于台塑企业内的诸项管理工作中,大大地提高了公司的利润和效率。

"节流"可以让企业发展壮大,也可以帮助一个企业渡过难关。

让创造利润成为习惯,培养"节流"的习惯是第一步。

创造利润

2. 成本优势是保持优势的关键

> 掌握成本优势，是保持市场竞争优势的一个关键。对企业来说，节约可以有效地降低成本，增强产品的市场竞争力，提高企业的赢利空间，增强应对市场变化的能力。

企业管理的一个根本任务，就是如何不断降低成本。美国管理学大师彼得·德鲁克在《新现实》中对成本有一句非常精辟的话，为许多人所引用，他说："在企业内部，只有成本。"不断降低成本是企业管理创新永恒的主题。大批量的生产和销售可以降低成本，提高质量是为了降低质量成本，适时管理和信息化是为了降低时间成本，降低工资、解雇工人可以压缩成本。

现代企业的竞争是全方位的竞争，它涉及企业方方面面的因素，如价格、产品、服务、技术、质量、品牌、渠道等，但是这一切竞争因素都可归结为企业能否获得人才优势和成本优势，其中尤以成本管理最为复杂、最具开发潜力。成本的升降能带来一系列连锁反应，是企业管理中一个最具敏感性的变量。**日本爱华公司有一句名言：**"如果你造出的产品同你竞争对手的一模一样，价格却只有他的一半，那你就能在那个市场上占主导地位。"可见，掌握成本优势，是保持市场竞争优势的关键。

成本优势是企业基业常青的根本保障

自从迈克尔·戴尔1984年开设戴尔公司以来，这家公司绕过中间商，采用直销等手段向顾客销售低廉的个人电脑。但戴尔能够持续保持自己在低价电脑市场中的竞争优势的一个主要原因是，戴尔总是想方设法地节省每一分钱。

2000年，当戴尔的工厂才开工的时候，工厂里面的设备没有超过3米高的。4年之后，这家工厂满是三层传送带，十几米高的设备到处都是，成百的员工遍布于流水线旁。当机器组装完毕，传送带会将它们运送至发货区域，在这里，电脑被装箱，运输。大型卡车每30分钟会满载着戴尔电脑离开。

多年前，戴尔会有大约30天的部件库存期，像外壳、主板、英特尔处理器等等部件，而现在，戴尔的奥斯丁工厂再也没有任何的库房，戴尔要求供货商在90分钟之内能够提供8至10天的部件供应。事实上，戴尔48支卡车运输车队就是一个大库房。难怪戴尔的一个高层说："如果送货的卡车晚来4分钟，我们的整个生产线就要停下来等待。"

从技术角度讲，库存的最小化极大地节省了戴尔的成本，这还意味着，当戴尔进行产品型号转型时，他们不需要对旧部件进行消化。

当然，这种模式给戴尔的供应商带来了巨大的负担，有人将戴尔比成是沃尔玛，虽然其采购量巨大，但供货商却失去了价格、条件以及送货等商量的余地。

研发是戴尔保持成本的一个途径。戴尔将2%的收入投入到研发之中，这一数字远远低于其竞争对手。戴尔创新的重点主要集中在产品如何生产、包装以及如何进行市场营销上，而不是在产品本身的改进上面。

对消费者而言，价格永远是最有效的武器；而对企业而言，成本优势则是基业常青的根本保障。在激烈的竞争中,谁能够取得成本优势,谁就能笑到最后。正是在这种层层把关的成本优势下,戴尔一骑绝尘,飞速发展起来。

节约已经成为企业的核心竞争力

在这样一个到处都充满竞争的时代,节约已经成为企业的核心竞争力。对企业来说,节约可以有效地降低成本,增强产品的市场竞争力,提高企业的赢利空间,增强应对市场变化的能力。宜家正是通过节约得以在竞争中立于不败之地的。宜家是当今世界上最大的家居用品公司,是20世纪少数几个炫目的商业奇迹之一。但宜家也曾遭遇过非常艰难的一年。

2002年,欧元强势走向以及中欧经济的滑坡,给宜家的经营造成了很大的影响。此外,由于新店对老店的冲击所造成的"同类相残",影响比预期的还要大。截至2003年8月,宜家全年的销售增长率几乎为零。但宜家并没有因此而被击倒,节约使宜家取得了在竞争中的优势。

宜家的经营理念是"以低价销售高品质的产品",这就决定了宜家在追求产品美观实用的基础上要保持低价格。实际上,宜家的节约从产品设计的时候就开始了。也就是说,设计师在设计产品之前,宜家就已经为该产品设定了比较低的销售价格及成本,然后在这个成本之内,尽一切可能做到精美实用。

为了在设定的低价格内完成高难度的精美设计、选材,并估计出厂家的生产成本,宜家专门成立了一个研发团队,这个团队密切合作,确保在确定的成本范围内做到各种性能变量的最优化。他们在一起讨论产品设计、所用的材料,并选择合适的供应商。

宜家的研发体制非常独特,能够把低成本与高效率结为一体。宜家的设计理念是"同样价格的产品,比谁的设计成本更低",因而设计师在设计时竞争焦点常常集中在能否少用一个螺丝钉或能否更经济地利用一根铁棍上。这样不仅能有效降低成本,而且往往会产生杰出的创意。

宜家在厉行节约、降低成本方面可谓是全方位的,考虑得非常周全。每一处能够节约的地方,宜家都不放过。在宜家看来,设计是一个关键环节,它直接影响着产品的选材、工艺、储运等环节,对价格的影响很大。所以宜家的设计团队必须充分考虑产品从生产到销售的各个环节。

为了能够节省每一分钱,将成本降到最低,宜家不断采用新材料、新技术来提高产品性能并降低价格。宜家还与OEM厂商通力合作,而且这种合作从产品开发设计便开始了。

在产品开发设计过程中,设计团队与供应商进行密切的合作。在厂家的协助下,宜家才有可能找到更便宜的替代材料,更容易降低成本的形状、尺寸等。所有产品设计确定之后,设计研发机构将和宜家在全球33个国家设立的40家贸易代表处共同确定哪些供应商可以在成本最低而又保证质量的情况下,生产这些产品。

除此之外,宜家还不断在全球范围内调整其生产布局——宜家在全球拥有近2000家供货商,将各种产品由世界各地运抵宜家在全球的各中央仓库,然后从中央仓库运往各个商场进行销售。各地不同产品的销量不断变化,宜家也就不断调整其生产订单在全球的分布。

为了节省时间,宜家把全球近20家配送中心和一些中央仓库大多集中在海陆空的交通要道。每家"宜家商店"根据自己的需要向宜家的贸易公司购买这些产品。这些商品被运送到全球各地的中央仓库和分销中心,通过科学的计算,决定哪些产品在本地制造销售,哪些出口到海外的商店。通过与这些贸易公司的交易,宜家可以顺利地把所有商店的利润吸收到国外低税收甚至是免税收的国家和地区。

用节约来控制成本始终是宜家引以为自豪的生意经。正是方方面面的节

创造利润

约，增强了宜家的核心竞争力，也帮助宜家渡过了难关。

其实，降低成本不仅仅是生产制造部门的事情，在每一项价值活动中都会有成本控制的问题。要在各项价值活动中建立起成本控制的规划来，然后对各种活动进行自我比较，看看哪一项活动在改进成本方面取得的成效最为显著。同时，还要和竞争对手比较，看看自己和竞争对手之间的差距在哪里。这样，才有利于我们更加清醒地认识到自己在成本改进方面尚待提高的地方，然后积极努力地去提高它。

当节约成为企业的核心竞争力后，它就能像我们每个人的DNA一样，伴随着我们每一天的工作生活，让我们在工作过程中，不断地、自觉地去挖掘可以改进的地方，寻找一切可能的机会，去创造绩效。要让创造利润成为习惯，就应该这样去做，把成本领先的精髓贯彻到每一项有价值的活动中去。

第二章
为公司省钱，就是为自己谋福利

3. 该省的钱，省一分是一分

> 该省的钱，省一分是一分；而值得花的钱，一定不要吝惜。这才是正确的节俭态度，也是对金钱的合理态度。

如何挣钱与怎样花钱，永远是每家企业和每个人要面临的课题。从花钱的过程中可以看出一个人的判断能力、公关能力和应变能力，这些都是在职场上不可或缺的基本素质。所以有人说："挣钱是技术，花钱是艺术。"

约翰·洛克菲勒是世界有名的大富翁，可是他在日常开支方面很节省。一天，他到纽约一家旅馆去投宿，要求住一间最便宜的房间。旅馆的经理说："先生，您为什么要住便宜的小房间呢？您儿子来住宿时，总是挑最豪华的房间呀！"洛克菲勒回答说："我儿子有个百万富翁的父亲，可我没有呀！"

李嘉诚对钱的"吝啬"程度也是罕见的。据说有一分钱掉在地上，他也会弯腰把它捡起来。面对公益事业需要，他时常慷慨解囊，但对于每一分钱的去向，他都要亲自过问。李先生曾经说过，勤俭朴素，是企业之本，也是一个成功企业家之本。

一次李嘉诚不慎丢落一枚一元的硬币，硬币滚到车底。当时他估计若汽车开动，硬币便会掉到路边的下水道里。李嘉诚及时蹲下身欲拾取时，旁边一名印度籍值班员见到，立即代他拾起。李嘉诚收回该硬币后，竟给他一百元酬谢。李嘉诚对此的解释是："若我不拾这一元硬币，这一元钱便会在世上消失。而给了值班员一百元，值班员便可以使用它。我觉得钱可以用，但不可以浪费。"

这两个故事告诉我们，只有自己经历过创业之苦，才能懂得节省的道理，才能懂得创业的艰辛和财富的来之不易。

节俭不是吝啬，而是正确对待金钱的一种态度

闯荡欧洲的温州人是怎样战胜当地的商界老大的呢？他们就是捡来犹太人扔掉的布头或碎皮，做成小钱包出售。同样一条皮带，犹太人卖15欧元，温州人卖12欧元。节俭精神帮助温州人打败了在欧洲经营了上千年的犹太人。

"历览前贤国与家，成由勤俭败由奢"。节俭的美德不只是为了节约成本。往大了说，人口剧增、资源枯竭、环境污染的严峻现实，决定了人们不能高浪费。高浪费的生活方式，不仅会污染和破坏人类的生存环境，而且会耗尽地球资源，破坏子孙后代的生存和发展基础。往小了说，节俭决定一个人乃至一项事业的成败。斯诺在延安时，看到毛泽东穿着打着补丁的衣服，周恩来睡着土炕，彭德怀穿着用缴获的降落伞改做的背心，林伯渠耳朵上用绳子系着断了腿的眼镜，他称之为"东方魔力"，并断定它是"兴国之光"。淮海战役中，国民党大将黄维被俘后不服输，但当他亲眼目睹了刘伯承、邓小平、陈毅这些布衣将军后，才翻然醒悟："在下不光败在战场上，更败在作风和精神上。"

台塑集团创始人王永庆生活相当简单。他在台塑顶楼开辟了一个菜园，母亲去世前，他吃的都是自己种的菜。台湾人喝咖啡时喜欢加入奶精球，每

次王永庆总要用小勺舀一些咖啡将装奶精球的容器洗一洗,再倒回咖啡杯中,一点儿都不浪费。生活上,他极崇尚节俭:用的肥皂剩下一小片时,还要粘在整块上继续使用;每天做健身毛巾操,一条毛巾用了27年。

当然,我们应该分清勤俭节约与吝啬的区别。日本松下电器的老板松下幸之助的个人午餐是普通盒饭,但他一定不会同意他的经理们在便宜的小饭馆里与客户洽谈生意。因为请客吃饭,同是3000元一桌,一般人花就花了,没有增值的意义。而老板请客户吃饭,则意味着有3万或30万的生意。

总之,该省的钱,省一分是一分;而值得花的钱,一定不要吝惜。这才是正确的节俭态度,也是对金钱的合理态度。

创造利润

4. 节约与利润是成正比的

> 著名商人包玉刚说:"在经营中,每节约一分钱,就会使利润增加一分,节约与利润是成正比的。"

如今,经济全球化的进程越来越快,市场竞争越来越激烈,利润也越来越薄,已经进入"微利时代"。无论是传统产业,还是高科技产业,生意都越来越难做,这是绝大多数企业的共同感受。身处微利时代,除了赚钱的思路和观念需要及时进行调整、转变和更新外,更重要的是用节约的方法来降低成本,增加利润。当今社会,节约才是盈利的关键。世界船王、著名商人包玉刚曾经有一句名言,他说:"在经营中,每节约一分钱,就会使利润增加一分,节约与利润是成正比的。"

节约本身就是一宗财产,对于企业来说,节约就意味着创造利润,而节约是从一点一滴开始的。

有人举过这样一个例子:如果全国每人每年节约一分钱,以13亿人计,那将是1300万元!同理,对一个企业来讲,如果每人每天节约一毛钱,一年下来,节约的数目也会相当可观。

节约下来的每一分钱是一个什么样的概念呢?根据"利润等于收入减去成本"的等式,那就是公司的利润。由此可知,企业想增加盈利,成功发展,除了争取更高的产品销售额之外,对营销、研发、管理等各项费用开支的控制和节约也是关键。平时我们每节约一分钱,我们的利润就会增加一分。"聚沙成塔，集腋成裘"，如果每个人每天都能做到节约不必要的费用支出，长期下来，就会有相当大的利润收益。

相反，对各种资源无缘由的、不必要的浪费，对一个处在良性发展的公司来说，是极为不利的。试想，十分的毛利中有六分的费用支出，实在让人可惜和不安。

节约与每个人的切身利益密切相关

一个企业如果想有所发展，就绝不能铺张浪费。尤其是在微利时代，节约是必然的选择！从大处讲，节约是公司的一项政策；从小处说，它与我们每个人的切身利益密切相关。

每个人都应有成本意识。在工作和生活中我们要及时发现存在浪费的地方，然后找出改进的方法，只有善于观察、思考、多动手，遇到问题多想办法去改善，才能找到更好的解决方案。凡事都要从小事做起，不要看一个很小的改进节约不了多少钱就不去做，其实只有将小事做好才能积少成多。只有每个人都树立节省每一分钱、每一度电、每一滴水、每一张纸的思想，企业才能走得更远。

虽然降低成本有许多途径，但节约却是必不可少的途径，也是最有效的途径之一。通过动脑筋、想办法，来达到降低成本的目的，难道不是一种很好的方法吗？

让企业树立节俭之风是必须的。如果每个人都养成了节俭的习惯，那么我们节约出来的就是利润，企业的整体效益将非常可观！因此，我们呼唤一种全员参与、持续改进的节俭的企业文化！

积羽会沉舟。试想一下，今天很多企业已到了内外交困、举步维艰的地步，如何让企业走出困境？唯有降低成本，提高效率。如果每个人都不注意节约，不用我们掏钱的纸巾可以任意扯，不用自己埋单的饮用水可以随便打……那么，公司将有多少钱白白流失了呢？

滴水亦成河。如果每个人都把勤俭节约作为自己的道德准则，都有勤俭节约的习惯，时刻注意降低成本，那么企业一定能够拥有光明的未来！

用节约来增利，立竿见影

做企业的目的就是利润的最大化，没有利润的经营不是企业家的初衷和目标，没有利润的所有工作都将是无用功。然而，面对有限的市场和资源，除了节约成本、控制费用和发明创新外，又能到哪里去找别的通向高赢利的道路呢？

发明创新的效应是需要一定时间和周期的，唯一能立竿见影的增利手段就是节约成本、控制费用。事实上，只要我们能比竞争对手更好地控制成本和费用，我们就能减少或弥补自己与对手在各方面的差距，从而提高利润率，增强我们的综合竞争能力。与开拓市场以扩大收入达到增加利润的方法相比，进行自身的成本费用控制和节约要容易得多。

既然我们在追求收入方面不遗余力，为何不下大力气进行成本费用的节约呢？

当然，对于公司而言，有些费用是一定要花的。无论是研发投入，还是市场营销，以及日常管理，适当的花费都是取得成绩的关键。但是，适当的花费并不意味着可以大手大脚和随心所欲地支出。现时资金的有求必应是为了更好地开展工作。所以员工应多从公司的大局出发，做到有限的资金要用在刀刃上，该花的一分都不省，不必要的开销能省则省！

对于广大员工来说，节约成本、控制费用要从一点一滴做起；对于管理层来说，节约成本、控制费用要合理控制整体花费。

第二章
为公司省钱，就是为自己谋福利

节约成本，由于各工作性质和具体情形的不同，在公司没有采取有力措施进行监督、监控的情况下，很大程度上必须依靠个人的自律和自觉，依靠全体员工的主人翁意识和责任心。

同时，公司也需要进行制度创新和体制创新，通过制度上的有效安排和技术性的操作进行控制。因此，这就要求各位领导开动脑筋，积极思考，在保证工作顺利开展的前提下，尽量控制甚至减少费用的预算，从而为公司的扩大再生产添砖加瓦。

当然，节约成本、控制费用应是适度的。如果因为节约成本、控制费用而影响了整个公司的发展，那会得不偿失的。就算在节约成本、控制费用方面获得成效，也只有在成功开拓市场和有效技术创新的前提下才会有意义。一味地追求销售额增长和毛利的上升，而忽视日益庞大的费用支出，使二者相抵销，更会令人惋惜。

所以，无论怎样，我们都不应小看节约，因为那往往是企业利润的源泉，是发展的关键。开源节流、控制成本极其重要，创业要这样，守业要这样，企业永远都应该要这样，只有这样的企业才是健康的，才是长远的。

创造利润

5. 抠门过日子，不好听，但管用

> "抠门"就是精打细算，勤俭节约。效益是企业永恒的主题，关乎效益的最直接因素就是成本，而降低成本就要"抠门"，从小事入手，这样才能变小利为大利。

有些人一听到要拼命提倡"节约"，就会认为这样很丢面子，是"抠门"，太过吝啬。事实上，也许"抠"这个字眼儿有点儿"形象不好"，但是"抠门"过日子，无论是对一个家庭，还是一个企业都特别管用。

成本是魔鬼，必须把它杀死，要像拧毛巾一样把水拧干。在前面我们已经谈到，每节约一分钱，企业就增加一分利！金融帝国花旗银行的CEO桑迪·韦尔就是个压缩成本的偏执狂，他甚至会对一张纸的浪费暴跳如雷。对于他能看到的每一件可能浪费成本的事情，无论大小他都要雷厉风行、不顾一切地否决。

熟悉企业经营的人都知道，要使自己的企业获得更高的效率，每天都必须考虑如何去降低成本。在当今的微利时代，可以说谁更能"省"，谁才能赚钱。在金融风暴席卷全球的今天，抠门过日子，虽然不好听，但非常管用。

抠出了低成本，就抠出了高效益

"抠门"就是精打细算，勤俭节约。效益是企业永恒的主题，关乎效益的最直接因素就是成本，而降低成本就要"抠门"，从小事入手，这样才能变小利为大利。在企业进入微利时代的今天，只有"抠门"才能为企业卸下沉重的包袱，从容面对各种竞争。因此，当一个企业能够抠出低成本时，也就抠出了高效益。当然"抠门"绝不是该投资的不投资，而是杜绝浪费，将不该花的钱节约下来，让它发挥更大的作用。

美国思科公司是赫赫有名的IT企业，可思科的节约却到了近乎"抠门"的程度，思科新闻发言人说，提倡节约已经成为思科的企业文化，公司自诞生起就在不断强化这种理念。公司前CEO约翰·莫格里奇的格言就是："花思科的钱，要像花自己的钱！"

在思科，节约几乎体现在日常工作生活的每一个细枝末节上。思科总部的自助餐厅和员工休息室的墙上，到处都张贴着名目繁多的"省钱技巧"。比如，乘坐协议公司的航班，每张机票平均节省100美元；把会议地点定在思科会议中心，比在酒店便宜等等。

思科总部的办公楼、实验楼有好几十座，而公司领导却只占据一座中一层的一隅。从总裁约翰·钱伯斯算起，所有高层都只有一间背阴的小办公室，外带一间能放几把椅子的小会议室。

思科把世界各国的行业、金融分析师请来，介绍公司的发展战略，参观各类新产品，公司领导悉数出动，技术人员热心讲解，但对这些能够影响公司股价升降的参观者，思科提供的午餐简单得惊人，只是盒饭——三明治两个、苹果一个、巧克力和点心各一块。

为了避免浪费，包括约翰·钱伯斯在内的思科所有员工，出差都要遵循统一标准，只能坐经济舱，住低价酒店，如果要升舱和住好一些的酒店，电脑程序会自动将超标部分从工资中扣除。

在员工休息室里，赫然张贴着这样的告示：每人每天少喝一瓶冷饮料，公司一年便可节约240万美元。有的员工于是替领导"分忧"，在留言板上写下大字："请喝自来水！"不过，虽然有"请喝自来水"之类的调侃，但思科员工对于"勤俭持家"还是很重视的。一年时间，思科通过各种手段降低的开支高达19.4亿美元。因为公司对思科员工来说确实是"家"，思科的几万名员工，个个都有公司股份，公司"抠"出效益，大家都会受益。有此利益为纽带，自然会令行禁止。

财大气粗的思科正是在一些细节上做到节约每一分钱，并以这种节约精神推动着公司一步步向前发展，同时也感染着每一位员工，在他们每一个人身上都能看到节约的美德。

这样"抠门"最基本

"抠门"自古以来都是一个贬义词，但要想使企业更好地生存和发展，培养企业里每个成员创造利润的习惯，"抠门"则很有必要。如何"抠门"呢？对于企业来说，首先从最基本的7个方面检查一下是否花了不该花的钱：

1. 接待客人时，茶水是倒满杯还是倒半杯？

建议倒半杯即可，因为大部分的客人都不会喝完杯中的水，甚至根本不喝，如今倒水给客人很多时候只是一种礼节形式。而且，即使客人喝完了半杯，也还可以再倒。

2. 公司拨出电话是否限定为3分钟？

言多必失。通话时间限制为3分钟，既节约电话费，又让人长话短说，可以大大提高工作的效率，促使公司全员养成良好的习惯，说功在千秋一点也不过分。

3. 公司内部使用的纸张是否正反两面使用？

不随便浪费纸资源，不少大公司采取正反两面使用的做法。假设一个人一天多用一张纸，一年365天，1000个员工，就多用了365000张。10年下来呢？而且很多时候何止多用一张呢？

4. 公司内部用电是否一个开关管一盏灯？

很多时候公司只有一个员工需加班，"没办法"，只能是一个办公室或一个车间的灯全点亮，可以想象一下，有多少电资源是在浪费的。想必大家都明白"吝啬"开关的结果。

5. 1个人能干的事是否还在用2～3个人？

工作时，通常人越多效率越低。君不见，一个和尚挑水喝，两个和尚抬水喝，三个和尚没水喝。这样既浪费人力资源，同时还降低员工的责任心。

6. 外出办事是否采取搭车而不是专车接送？

公司配专车固然不错，但是公司越大高管越多，固定资产投入就越大，资金占用也就越厉害，折旧率相对提高，日常保养费用、油费、燃油税也增加不少。

7. 企业人力成本是否外部化？

通过辞退、劝退，或者变相裁员如停薪留职、放长假、下岗待安置等方式降低人力成本，亦可转移如临时工、实习员工、退休员工、兼职员工等策略，将人力成本外部化。

只有砍掉成本，节约成本，才能积少成多。要把每一次开支都当成投资，以数字考核衡量一切，并和公司的制度紧密相连，让节约真正成为公司制度的一部分，最终成为公司的企业文化。

所以，如果想让自己的企业蒸蒸日上，那么就从"抠门"做起吧！如果能真正做到节约每一分钱，那么，企业与员工的效益都会节节高升。

6. 有了抠门精神，才会有高利润

> 无论什么时候，企业都需要上自老板、下至基层员工培养起一种"抠门精神"，让节约成为一种习惯，让节约成为创造利润的一大源泉。

在前文中，我们谈到了"抠门"过日子，虽然说起来不好听，但对于创造利润和保障企业生存与发展来说，是很有用的。

其实，每个行业或企业在其发展过程中所经历的，不外乎是如下的阶段：

第一个阶段是聚焦。即企业发现并进入细分市场。这个时候由于竞争对手少，早进入的企业可以获得高额利润甚至超额利润。

第二个阶段是差异化。随着进入这个市场的企业越来越多，市场利润被迅速摊薄，企业为保持原来的高利润，不得不走差异化之路，在产品、技术、服务等方面凸显自己的特点，争取消费者。

第三个阶段是低成本。当差异化之路走到尽头，产品同质化现象极其严重的时候，只能拼价格，拼成本，谁的成本低，谁的利润就能多一些。

在行业日益细分的今天，企业大多数时候可走的只有第三条：低成本。事实上，无论什么时候，企业都需要在上自老板、下至基层员工培养起一种"抠门精神"，让节约成为一种习惯，让节约成为创造利润的一大源泉。

培养"抠门精神",利润可以一点一滴地节约出来

在培养"抠门精神",提倡和实践节约方面,铃木公司是典范。

2008年有一段时间,为了筹措更多的资金,美国通用汽车公司宣布转让其手中持有的铃木公司17.4%的股份。随即,铃木公司宣布,全力购入通用抛售的公司股份,以增强其对品牌的业务掌控。据悉,铃木公司动用了约2300亿日元去收购通用公司转让的几乎全部股份。在汽车行业遭遇经济寒冬时,铃木公司的资金实力让业界刮目相看。

"铃木公司是一个专注于小车生产的企业。众所周知,小车的利润比较薄,也意味着铃木公司的利润应该不会大。因此,我们很难想象铃木公司怎么会有那么多现金来完成这次收购行为,而且还没有向银行贷款。"一位铃木公司的员工对记者说。铃木汽车公司怎么会有这么强大的资金实力呢?2008年8月末在应邀参观了日本铃木总部及其部分工厂、试验场后,记者似乎找到了答案:铃木公司非常善于成本控制,在其他企业可能不会在意的运营细节上,铃木都在尽量地降低成本。可以这样说,利润在铃木公司是一点一滴地节约出来的。

两年前,日本政府对汽车制造安全法规做了一些修改,增加了微型车外形尺寸和安全性能的要求。根据要求,车身必须进行改进,这使车辆的燃油经济性受到影响。那么铃木公司如何将影响燃油经济性的因素降到最低,并使得燃油经济性在同类车中处于领先地位?显然,可以通过减少整车自重来达到这个目的(当然这也可以降低车辆的成本)。但是,自重减少到一定程度就会影响到汽车性能。

流传在铃木公司的一个故事,不但解答了人们的疑惑,也让我们对铃木公司在减少车辆自重方面的巧妙表示佩服。据介绍,有一次,铃木公司的会

创造利润

长铃木修先生要求技术人员将车辆的自重减少20千克，技术人员表示很难完成，但铃木修却不这么认为。铃木修分析道，既然一辆汽车由2万个零部件构成，那么每个零部件重量减轻1克，整车的自重就可以减少20千克。

这个简单而又巧妙的方法，反映了铃木公司的造车理念：在保证车辆安全的前提下，尽量使车辆更"轻"。

依靠"抠门精神"，化危机为良机

日本湖西工厂是铃木公司的主力工厂之一，主要生产乘用车产品。中国消费者比较熟悉的奥拓、雨燕都在这个工厂生产。

在车辆的组装生产线上，只要留心观察，你就会发现——光线与平常的荧光灯光线有些不同，非常柔和。抬头往上看人们会发现，屋顶上部有非常大的窗户。据了解，这是为了尽量利用太阳光，而不使用电力所想出来的办法。生产线旁边的零部件台，在数年前还是电动输送零部件的装置，现在已经停用了。为了传送零部件，零部件架采用倾斜式支撑面，零部件受重力作用会自然滑动。

"'重力和光都是免费的，要用免费的东西。'自铃木修担任会长以来，这就是他的口头禅。"湖西工厂的管理人员介绍道。

一次，记者去铃木公司参访，看到外观略旧的三层楼房，一问才知道，原来这是铃木公司的总部大楼。记者不由得感慨道："铃木公司真懂得节省啊！"与许多看起来规模并不大的企业却拥有豪华总部大楼相比，实力雄厚的铃木公司所拥有的办公楼与其身份显得有些"不符"。

进入会客室，记者又一次见识了铃木公司的节约。为了表示对铃木修先生的尊重，记者都是穿衬衫，戴着领带，也备好了西服。但在会客室内，记者发现，即使不穿西服只系领带都感觉有点热。

第二章
为公司省钱，就是为自己谋福利

更有意思的是，除了铃木公司两位掌舵人会长铃木修和社长津田近纮外，与记者见面的公司管理人员都没有戴领带，而这好像与日本公司的风格有些不符。经过了解，记者才知道，为了节约能源，从2008年夏天开始，日本所有办公地点的空调温度都要求限定在28度以上。与此相应，从日本首相开始，都提倡夏天不戴领带。

铃木修风趣地解释说："政府已经落后了。我早在五六年前就呼吁办公地点夏天的空调温度限定在28度以上，夏天办公不用戴领带，而我们也一直在这么做。这样不但对节能、降低成本有好处，而且对环保也非常有好处。"

正是靠这种"抠门"的精神，铃木公司不但实现了较高的利润，而且在汽车行业遭受金融危机冲击的时候能从容应对，进而获得了快速发展的良机。

7. 节约，是一种核心竞争力

> 节约不仅是一种道德理念和价值观，更是一种核心竞争力。能够节约的企业，会在市场中游刃有余；能够为企业节约的员工，会在职场中脱颖而出。

进入21世纪后，所有企业都感到了生存的压力。尽管经济还在高速增长，但企业的利润率却越来越低——微利时代已经到来了。在竞争越来越激烈的今天，谁拥有了成本优势，谁就能在竞争中胜出，谁就能获得最大的利润。

对于企业来说，控制好成本，把本来需要支出的部分节省下来，实际上就等于是多赚取了利润。所以，节约既是企业必须掌握的一门技能，也是必须拥有的一种核心竞争力，那么节约与否则关系着企业的成败。沃尔玛虽然是全球500强之首，但仍然不遗余力地降低采购成本。为此，沃尔玛在全球建立了21家办公室，监督全球工厂的每一款产品的质量和进货价。沃尔玛的种种方法和努力，都只为一个目的：压缩成本。创始人沃尔顿为了压缩成本，连一张纸都不放过，真可谓"视纸如命"。正因如此，沃尔玛才能蒸蒸日上，一日千里。

有一天，沃尔玛的创始人山姆·沃尔顿在一家店面检查工作时，看到一位店员正在给顾客包装商品,随手就把剩下的包装纸、包装绳扔掉了。山姆·沃尔顿把纸和绳子捡起来,微笑着说:"小伙子,我们卖东西是不赚钱的,就靠这一点节约下来的纸张和绳子赚钱。"沃尔玛从来没有专用的复印纸,都是用废纸的背面来复印。连沃尔玛的工作记录本,都是用废打印纸裁成的。

在沃尔玛,不管你是总裁,还是主管经理,繁忙的时候都是店员。美国人生活忙碌,平时去购物中心的人很少,而一到节假日,购物中心便人山人海。这时,几乎所有沃尔玛商店都感觉人手不够,这时,沃尔玛从财务总监、经理主管到办室文员,都被要求脱下笔挺的西装,换上工作服,投入到繁忙的商场之中,去做收银员、导购员,甚至搬运工……这样就能省下一笔不小的人力费用。

众所周知,许多世界知名企业员工出差都是住四五星级宾馆,出门就打的,而作为世界500强之首的沃尔玛却没有世界级大公司的"气派"。连老板山姆·沃尔顿外出,也经常和别人同住一个房间,一般经理人出差都是住三星级酒店或者招待所。

沃尔顿一再强调,要珍惜顾客所花的每一分钱的价值。沃尔玛的服务宗旨之一,就是为每位顾客省钱,多省下一分钱,就多赢得顾客一份信任。

殚精竭虑压缩成本,引导沃尔玛一步步走向成熟和壮大。沃尔玛的每一名员工都能将公司当作自己的家,都有"花公司的钱,就像花自己的钱"的节约意识。

微利时代,拼的就是节约

微利时代,拼的就是节约。节约已成为企业的核心竞争力。节约一分钱,就能挖掘一分利,从而让企业淡季不淡,安然渡过难关。

创造利润

在这个充满竞争的时代，几乎所有企业都将面临或已经面临微利的挑战。微利时代的到来是一种必然，经济全球化使企业之间的竞争越来越激烈，企业面临的生存形势也越来越严峻。

对于一个企业来说，企业经营的最终目的就是赢得利润，因为利润是企业生存的关键。然而企业的利润和成本密切相关。如今，有效地降低运营成本已经成为多数企业竞相追逐的目标。因此，在利润空间日趋狭窄的情况下，谁的成本低谁就可以获得生存和发展。

百安居家居装饰建材连锁店是世界500强企业之一，它何以能在竞争如此激烈的市场中获得高利润呢？节约。例如，百安居总经理用的签字笔价格仅1.5元。

节约让我们赢得更多的资本，积聚力量去争取更大的辉煌！节约是赢利的源泉，是提升竞争能力的途径，是决定企业兴衰成败的关键；同时，节约也是美德的体现，是职业素质的最高表现，是赢得个人职业常青的保障！

无论企业还是个人，微利时代，拼的就是节约。

学会节约，创造利润，就能脱颖而出

对于企业能否节约成本以及能够将成本节约到何种程度，员工有着很大的决定权。当一名员工尽自己最大的努力去完成自己的每一项工作时，无论是开动一台机器，还是进行一次服务，都对降低成本起着关键性的作用。当一名员工小心地使用设备和办公用品，高效率地利用好自己的时间，也同样对降低成本起到了很大的作用。

有些员工认为在大公司里，一个人在降低成本方面是起不了多大作用的。其实，这种想法是极其错误的，古语说得好，"涓涓细流，汇成海洋。"的确，企业是大海，但大海也是由水滴形成的。同样的道理，员工这

里节省一点，那里节省一点，加起来就会成为惊人的数字。所以，只有每一名员工都能自觉地进行节约，企业才能最大限度地节约成本，才能获得更多的利润。在市场以及职业竞争日益激烈的今天，节约已不仅仅是一种美德，更是一种成功的资本，一种企业的核心竞争力。能够有效节约的企业，会在市场中游刃有余。同样，能够自觉为企业节约的员工，也会在职场中脱颖而出。

创造利润

8. 为公司省钱，就是为自己谋福利

> 企业是每个员工生存的基础，是饭碗。大锅里饭越多，每个人的碗里才能装得越满。
>
> 当你为公司着想时，你其实是在为自己着想；当你为公司创造利润时，你其实是在为自己创造利润；当你为公司节约时，你其实是在为自己节约；当你为公司谋福利时，你其实是在为自己谋福利。

工作是什么？工作是一个施展自己能力的舞台。我们寒窗苦读得来的知识，我们的应变力，我们的决断力，我们的适应力，以及我们的协调能力，都将在这样的一个舞台上得到展示。除了工作，没有哪项活动能提供如此高度表达自我的机会，给人一种使命感和充实的感觉。而且，工作质量往往决定生活质量。所以，工作是我们需要用生命去做的事，而公司则与我们休戚相关。

为公司省钱，养成节约的习惯，是工作表现的一个重要组成部分。公司不仅是老板和股东们的，也是每一位员工的，因为公司保障着每一个员工。当你为公司着想时，你其实是在为自己着想；当你为公司创造利润时，你其

实是在为自己创造利润；当你为公司节约时，你其实是在为自己节约；当你为公司谋福利时，你其实是在为自己谋福利。

公司就是你的船，大家荣辱与共

为什么说为公司省钱，其实就是在为自己谋福利呢？原因就是公司的生存和发展与公司里的每个成员都息息相关。

"本福尔德号"是美国海军一艘价值10亿美元的导弹驱逐舰，装备着最现代化的导弹系统，它的雷达甚至可以精确追踪到80公里处一个海鸟大小的目标，舰艇时速可达55公里。尽管这是世界一流的军舰，但船上的水兵士气消沉，很多人都想赶紧退役，早日离开这个鬼地方。

但是，两年以后，这种情况彻底发生了改变，全体官兵上下一心，整个团队士气高昂。"本福尔德号"变成了美国海军的一艘王牌驱逐舰。

船长阿伯拉肖夫用什么魔法使得"本福尔德号"发生了这样翻天覆地的变化呢？

当上船长之后，阿伯拉肖夫立刻意识到，要想改变那种情况，他必须首先改进自己的领导水平。在短短的二十多个月里，阿伯拉肖夫为美国海军造就了一支充满自信、同舟共济且极富责任心的团队。在这个过程中，他最常用的口号就是：这是你的船！

迈克尔·阿伯拉肖夫对士兵说："这是你的船，所以你要对它负责，你要让它变成最好的，你要与这艘船共命运，你要与这艘船上的所有人共命运。所有属于你的事，你都要自己来决定，你必须对自己的行为负责！"

从那以后，"这是你的船"就成了"本福尔德号"的口号，所有水兵都认为管理好"本福尔德号"是自己的职责所在。在这种主人翁精神的感召下，船上所有成员都尽心尽力地做好每一项工作，努力把"本福尔德号"打造成最好的船。

在波澜壮阔的市场海洋里，公司就像是一条船。无论是老板还是员工，一旦踏上这条船，他们的命运就紧密地联系在一起了，他们有着共同的方向、共同的目的地，船的命运就是所有人的命运。

对于员工来说，公司就是他的船，一荣俱荣，一损俱损。日本著名企业家松下幸之助说："我的员工要像企业家那样思考，不能只像个被雇来干活的人。"一名优秀的员工只有把公司当成一条与自己命运息息相关的船，像企业家一样去思考、去工作，才能提升自己的思想，创造达观的利润，打造过人的业绩。

如今，世界经济日益一体化，任何一个地方发生了意外，其他地方或多或少都会受到冲击。美国爆发次贷危机，便在全球范围内刮起了一场金融风暴。我国的许多企业迎来了经济寒冬，其中出口型企业或生产力水平不高的企业所面临的问题最为严重。资金流紧张、市场总量在萎缩、行政成本的比率却在上升……在经济海洋的狂风暴雨中，企业的船前途难卜，每位员工也前途迷茫，大家靠什么来战胜危机呢？只有同舟共济！

在巨浪打向船头的时候，船上成员不能各奔东西，弃船逃走，因为那样极可能导致船倾人亡。相反，如果船与船之间进行联合，船员与船员之间通力合作，大家同舟共济、共渡难关，一定可以战胜狂风暴雨，迎来雨后的晴空和美丽的彩虹。

企业就像一条在大海上航行的船，我们要对这条船负责，更要对这条船充满信心。因为，企业这条船如果在风浪中倾翻了，船上所有人的利益都要受到损害，这是一个共同体，"一荣俱荣，一损俱损"。

第二章
为公司省钱，就是为自己谋福利

想方设法为公司省钱,就是为自己谋机会

公司就是你的船,你要像对待你的家一样对待它。你要养成创造利润的习惯,因为这也是在为你自己创造利润;你要想方设法为公司省钱,因为为公司省钱也能为你创造机会。

有一位青年在美国某石油公司工作,他所做的工作就是巡视并确认石油罐盖有没有自动焊接好。石油罐在输送带上移动至旋转台上,焊接剂便自动滴下,沿着盖子回转一周,这样的焊接技术耗费的焊接剂很多,公司一直想改造,但又觉得太困难,试过几次都没有成功。而这位青年并不认为真的找不到改进的办法,他每天观察罐子的旋转,并思考改进的办法。

经过仔细观察,他发现每次焊接剂滴落39滴,焊接工作便结束了。他突然想到:如果能将焊接剂减少一两滴,是不是能节省点成本?于是,他经过一番研究,终于研制出37滴型焊接机。但是,利用这种机器焊接出来的石油罐偶尔会漏油,并不理想。但他不灰心,又寻找新的办法,后来研制出38滴型焊接机。这次改造非常完美,公司对他的评价很高,不久便生产出这种机器,改用新的焊接方式。也许,你会说:节省一滴焊接剂有什么了不起?但这"一滴"却给公司带来了每年5亿美元的新利润。几年之后,这个年轻人就被提升为部门总裁。

"省下的就是赚到的",每一名员工都要拥有这种理念,这样才能使公司赚取更多的利润,同时自己也才会从中获益更多。

其实,一个人只要进了一个企业,往俗里说,那是你生存的基础,是你的饭碗。大锅里有饭,你的碗里才有可能装满;大河里有水,小渠才不至于干涸。没有见过哪个破产企业的下岗工人日子会过得很舒心。我们说爱企如家,爱岗敬业,也就是这个道理。关键是要干好自己的本职工作,要全身心

创造利润

地投入，即便是企业很小的事情，也要尽自己的能力干得漂漂亮亮；即便没人监督你，也要认真地坚守岗位，干好工作；即便别人冷嘲热讽，也要坚持自己的理想，不断学习，不断提高。毕竟，这是你的船，在这条船上，你是主人，而不是一个乘客！

第二章
为公司省钱，就是为自己谋福利

第三章

不断提升效能，让利润追着你跑

作为企业的员工，你要时刻树立这样一个目标：我今天的工作要比昨天的更有绩效，明天的工作要比今天的更有绩效；我今天的创造利润的能力要比昨天的提高一点点。当你能够达成这一目标时，对自己对企业都是一件双赢的事情。

> 时间就是金钱,效率就是生命。
>
> ——当代格言

1. 功劳重于苦劳，结果重于过程

> 没有结果的努力，是无用功；创造不出利润的企业，很容易陷入困境；不能提供绩效的员工，注定要被淘汰。

要培养创造利润的习惯，就必须培养"结果"意识。

让创造利润成为习惯，就必须明白"功劳重于苦劳，结果重于过程"的道理。

当你进入公司开始工作时，就意味着在你人生中的每个工作日都要用结果来交换自己的工资，也要用结果来证明自己的价值。结果怎样，与其他人无关，只在于你是不是一个合格的员工或合格的管理者，在于你是不是真正对企业、对自己有价值！每天结果的累加，也就是你的人生价值！

为什么无数的人都拥有卓越的智慧，却只有少数人获得成功？为什么无数的公司都拥有伟大的构想，却只有少数公司获得成功？想一想小时候一起长大的朋友，现在的命运为什么不一样？乔丹为什么会成为世界级球员？泰格·伍兹为什么能成为体育明星？答案是：结果改变命运，结果的积累创造人生！

企业靠结果生存，个人也要靠结果发展。在经营企业的过程中，结果可以理解为大家创造出来的利润；在职场上，结果可以理解为员工创造的业绩。没有结果的努力，是无用功；创造不出利润的企业，很容易陷入困境；不能提供绩效的员工，注定要被淘汰。

要勤奋，更要有绩效

以前，我们经常听到"没有功劳也有苦劳""他是我们公司里的老黄牛，尽管能力和业绩不突出，但一直勤勤恳恳"之类的话。苦劳很容易让我们感动，勤奋努力也是要倡导的。然而，如果我们能巧干，为什么要苦干呢？如果我们得不到好结果，如果我们创造不出利润，如果我们的绩效很差，那再好的过程又有什么用呢？在这个时代，那些光知道苦干、穷忙的人，已越来越难获得企业的认可。

在一家企业里，有一名清洁女工，不懂任何技术。但是，有一天她居然跟大家说，她把工厂里的一台出了故障的进口设备给修理好了！大家将信将疑，一再追问之下，她才满怀自豪地说，是她把自己懂得修理这类进口设备的表弟找来帮忙修好的。她流露出来的成就感，仿佛比自己亲自动手解决了问题的感觉还要好！

有人便对她说："你的精神可嘉！但那也不能算是你自己修好的呀。"

她反问："反正问题是由我来解决的。如果不是我非要让表弟过来帮忙，难道他会自己跑来修理吗？机器会自己好起来吗？这不就等于是我做的吗？"

正当大家在暗中嘲笑她如此不可理喻时，企业的老板也到了现场。当他听了大家的讨论后，对那位清洁女工大加赞许："她说得很有道理！并不是非要亲自动手才算是她的功劳，只要结果是因她而得来的，就应该算是她的成绩！我们没有必要在乎具体的过程和实际操作人是谁，重要的是谁起了关键作用。所以，我认为她说得很对，值得嘉奖！而且我号召所有员工都要向她学习，因为这是一种做事的方法和态度！成功企业都提倡'功劳重于苦劳，结果重于过程'，所以，我们一定要学会如何更节省成本地获得好结果。"

功劳重于苦劳，结果重于过程。清洁女工说得很对，老板的话很有道理。结果才是最重要的，关键是能够找到解决问题获得结果的方法！关键是能够创造利润，带来业绩！

所以，我们不但要努力做事，更要把事情做成！我们不但要勤奋工作，更要注重绩效！

业绩是评价员工的主要标准

在工作中，我们要懂得一个基本道理：对工作的结果负责，是对我们工作的价值负责；对某项任务负责，是对工作的程序负责。

比尔·盖茨曾经深有感触地说："这个世界不会在乎你的自尊，这个世界期望你先做出成绩，再去强调自己的感受。"一句话，言简意赅地道出了结果的重要性——只看结果和绩效，这正是真实商业世界中最根本的原则。没有人对你的付出和辛劳感兴趣，人们在乎和看重的是结果，企业最关注的是你创造出来的利润和价值。

史密斯是美国纽约一家豪华宾馆的老板，他以"懒惰"著称，凡是能吩咐给手下去做的事，他绝不亲自去做。宾馆业务虽然繁忙，他却整天悠闲自在。

有一年圣诞节，他让宾馆全体员工分别评选出10名最勤快和10名最"懒惰"的员工。史密斯叫人把10名"懒惰"的员工叫到他的办公室。这些员工心里七上八下，心想老板大概要炒我们的鱿鱼吧，因此满脸沮丧。可是令他们没有想到的是，一进门，史密斯说："恭喜各位被评为本宾馆的优秀员工。"这10名员工感到莫名其妙。看着他们一个个目瞪口呆的样子，史密斯招呼他们坐下，微笑着解释道："根据我的观察，你们的'懒惰'突出表现在总是一次就把餐具送到餐桌上，习惯于一次就把客人的房间收拾干净，一次就把工作干完，讨厌多走半步路，讨厌做第二次。因而在别人眼里你们整天闲着，在偷懒。但依我看，最优秀的员工毫无例外地都是'懒汉'，因为他们'懒'到连一个多余的动作都懒得去做。而勤快员工的'勤'，大多表现在他们整天忙忙碌碌，不在乎把力气花在多余的动作上，做一件事不在乎往来多少趟，花多少时间，这样能有效率吗？"

也许你会觉得史密斯的行为有点不可思议，这并不奇怪，只是因为你没有弄懂我们工作追求的是什么。曾经有人问过许多公司的管理者：什么是他们评价员工的标准？他们都毫不犹豫地回答：业绩。

的确，考核员工能力，要看他的业绩，也只有业绩才能体现一个员工的价值；考核管理人员能力的，是他领导的团队取得的业绩，除此之外，别无其他考核的准则；考核企业综合实力的，还是企业所取得的业绩；股东、公众、国家都是通过查看企业年终收益高低来判断企业成功与否。有谁会将目光始终盯着你的发展过程呢？没有！

在现代社会，以结果为导向和评价标准的思维已经成为一种共识。不论你在过程中做得多么出色，如果拿不出令人满意的结果，就很可能会白费工夫。没有结果的付出只是在做无用功。不论你曾经付出了多少心血，做了多少努力，只要你拿不出业绩，创造不出利润，老板和上司就会觉得他付给你薪水是在浪费金钱。相反，只要你有出色的业绩，创造可观的利润，老板就会看在眼里，给予你相应的回报，而很少去关心你做事的详细过程。

所以，为了事业的发展，为了养成创造利润的习惯，你必须好好地培养"结果心态"，对任何结果都不是"想要"，而是"一定要"！

创造利润

2. 做关键问题的解决专家，化困难为利润

> 要创造利润，就必须懂得忙到点子上；要化困难为价值和利润，就必须学会解决关键性的问题。

要养成创造利润的习惯，就必须学会提升做事的效率和工作的绩效，成为能为企业创造价值的人。

要提高做事的效率，要提升工作的绩效，仅靠努力是不够的，还要有睿智的头脑，要能抓住问题的关键所在。当你能够找到问题的关键时，就等于找到了解决问题的办法，从而使问题迎刃而解。这时，你的价值就体现出来了。

一座破旧的庙里住着两只蜘蛛，一只在屋檐下，一只在佛龛上。一天，旧庙的屋顶塌掉了，幸运的是，两只蜘蛛没有受伤，它们依然在自己的地盘上忙碌地编织着蜘蛛网。没过几天，佛龛上的蜘蛛发现自己的网总是被搞破，一只小鸟飞过，一阵小风刮起，都会让它忙着修上半天。它去问屋檐下的蜘蛛："我们的丝没有区别，工作的地方也没有改变。为什么我的网总会破，而你的却没事呢？"屋檐下的蜘蛛笑着说："难道你没有发现你头上的屋顶已经没有了吗？"

修网自然很重要，但了解网破的原因更重要。很多人经常忙得团团转，却像那只忙碌的蜘蛛一样，从没有考虑过问题的关键和根源是什么。

要创造利润,就必须懂得忙到点子上;要化困难为价值和利润,就必须学会解决关键性的问题。

抓住问题关键,提高做事效率

要提高做事效率,除了努力,还要懂得抓住问题的关键所在。做事效率低的人在处理工作时,往往分不清哪个更重要,哪个更紧急;哪个是关键问题,哪个是次要问题。他们认为每个工作都是一样的,只要把时间忙忙碌碌地打发掉,就会解决所有问题。事实上,每一个问题都有它最为关键、最重要的内容,如果能够抓住问题的关键点,会比只是忙忙碌碌地埋头苦干有效得多。

要提高我们的做事效率,就要在做一件事情之前,先根据我们已有的认识、经验和条件做出一系列的判断。也就是说,我们要找到解决这件事情的关键点或者矛盾点是什么。如果我们不能凭借个人的力量去找到问题的关键点,我们可以请专家或朋友帮忙,不能在没有找到问题关键点的时候,就盲目地苦干。那些总能创造利润和价值的高绩效人士在做每一件事情时都要找到它的关键点,因为找到了关键点,就等于找到了解决问题的办法,问题也就迎刃而解了。

有一个流传很广的故事。

1923年,美国福特公司的一台大型电机坏了,公司所有技术人员都束手无策,公司只好请来了德国籍电机专家斯坦门茨维修。他研究和计算后,用粉笔在电机上画了一条线,说:"打开电机,把画线处线圈减去16圈。"

果然,电机很快恢复正常了。福特公司员工问斯坦门茨要多少酬金,他说,不多,只要1万美元。这把在场的人都惊呆了,在当时,这是一笔巨款。于是有人就问,画一条线要这么贵吗?德国专家坦然地说:"画一条线值1美元，知道在什么地方画线值9999美元。"

只是画上一条线就要1万美元，为什么福特公司也照给不误？因为只有他才能发现问题所在，所以他值这个价钱。

消息传到美国福特公司总部后，总裁福特决定出大价钱请斯坦门茨来公司任职，斯坦门茨拒绝了。福特爱才心切，居然将斯坦门茨所在的公司买了下来。最终斯坦门茨成了福特公司的一分子。

成为"关键问题的解决专家"

一般来说，公司的员工分为几种：

一、制造问题者。这样的员工成事不足、败事有余，是最不受欢迎的员工。这类员工所占比例很小，老板们避之唯恐不及。

二、解决一般问题者。这样的员工中规中矩，能胜任工作，对于一般的问题都能轻松解决，但是对于难题还是束手无策。这类员工在公司里占大多数，他们也能创造绩效和利润，虽然单个来看并不显著，然而公司要生存，就靠这些员工了。

三、疑难问题专家。这样的员工善于解决疑难问题，并总能找到问题的关键。这类员工凤毛麟角，是老板们梦寐以求的好员工。他们往往能解决一般人束手无策的问题，创造较大的利润和绩效。公司如果想要有大的发展，就只有依靠他们了。

那么，你呢？你是哪一种员工？如果你能成为公司的"疑难问题专家"，相信你无论在哪儿，都能找到自己的位置，体现自己的价值，成就一番事业。

1945年，一位21岁的匈牙利青年只带了5美元到美国闯天下，20年后他成为百万富翁。他曾经非常自豪地说："我没有做过一笔赔钱的生意，也没有一次失败的经营。"他就是保罗·道密尔，一个在美国工艺品和玩具业富有传奇色彩的人物。

20世纪50年代，道密尔买下了一家濒临倒闭的玩具工厂。他发现这家玩具工厂失败的主要原因是成本太高，于是就决定提高产量以降低成本。为了提高工人的工作效率，他规定：凡是工人工作时所用的工具、材料，一定都要放在最顺手并且最容易拿到的地方。这样一来，工作的工人们就不必再为等材料、找工具而耽搁时间，无形中节省了很多时间。

不久，他发觉工人叼着烟工作，进度非常慢，而且有很多人以抽烟为借口来偷懒。于是他就又规定：工作时不准吸烟，但每隔一个半小时，准许全体工人休息15分钟。

这两项规定执行以后，在机器设备没有增加、人员减少的情况下，产量增加了50%。

密尔还爱收购一些别人经营失败的企业来经营。他告诉朋友："别人经营失败的企业，接过来后容易找出失败的原因，因为缺点比较明显，只要把那些缺点改正过来，自然就赚钱了。这要比自己从头做一种生意省力得多，风险也小得多。"

道密尔的方法说出来后似乎很简单，可实际上还是没有人能够说出他那样自豪的言语，因为无论是生产的改进还是对失败企业的收购，都需要用智慧来发现解决问题的关键点。这种智慧来源于我们的细心观察和后天的持续学习，认真留意身边的细微之处，时刻给自己充电，我们会学到很多，成长为最受欢迎的"关键问题的解决专家"。

创造利润

3. 勤为创造利润找方法

> 善于创造利润的人和成为企业累赘的人的重大区别就是：前者勤于为完成有价值的工作寻找更有效的办法，努力解决工作过程中遇到的每一个难题；后者则容易在困难面前选择逃避，对于那些能创造价值的事情并没有养成积极主动去做的习惯。

如果要养成创造利润的习惯，就必须学会找方法。当你在工作上遇到了棘手的难题却解决不了时，那说明你还没有找到方法；当你很努力地付出，却收获甚微甚至没有收获时，那说明你的方法不对。努力做事很重要，但做对事更重要，当你能够在做事的过程中，讲究正确的方法时，你才能事半功倍。

两个虔诚的教徒在教堂做礼拜。两个人都是烟鬼，烟瘾犯了，两个人都很想抽烟，但是又怕被牧师说他们不诚心。

第一个人实在忍不住了，就对牧师说："我在祈祷的时候可以抽烟吗？"

"当然不可以，这是对上帝的不尊敬。"牧师正色说道。

于是第二个人说道："亲爱的牧师，我可以在抽烟的时候祈祷吗？"

"哦,当然可以,你真是个虔诚的信徒。"牧师高兴地说。

于是第二个人美美地点上烟,抽了起来。

同样是想抽烟,为什么第一个人没有达到目的,而第二个人却做到了呢?是因为第二个人比第一个人更虔诚?不是!而是因为第二个人明白做事要讲方法的道理,轻松地实现了自己的愿望。

成功学家卡耐基认为,成功有三个必要条件:强烈渴望成功的企图心;坚持不懈的努力;行之有效的方法。开动脑筋,讲究技巧,看起来麻烦的事情往往就能变得简单。做事情若靠蛮力,而不懂得运用技巧,效果就会大打折扣。其实很多时候,要办好一件事情,方法比想法更重要。要创造利润、提升绩效,勤奋很重要,但勤于寻找方法更重要,因为它能让你的业绩更加突出。

成功没有捷径,但绝对要讲方法

一位衣冠楚楚的犹太人来到纽约一家大银行的贷款部说:"我想借一些钱。"

"好啊,只要您能提供相应的担保,无论想借多少都可以。"贷款经理答道。

"1美元,可以吗?"犹太人问道。

"当然可以。我说过,只要有担保,再多些也没关系。""

我只要借1美元。这些是担保。"犹太人说着打开皮包,取出一大堆票据,"总共价值50万美元,够了吧?"

"没问题。年息6%,为期1年,可以提前还款。还款时,我们将把这些票据还给您。这里是合同。"贷款经理虽不解,但这人带来的票据都是真的,而且显然没有违反规定。

"谢谢！"犹太人在合同上签字后，接过1美元，正欲转身离去。"等等，我想问的是，这些票据值那么多钱，您为什么只借1美元呢？您知道，即使您要借几十万美元的话，我们也是很乐意的……"

犹太人转身笑了笑："是这样的。我必须找个保险的地方存放这些票据，而租个保险箱又得花不少费用。这样放在贵行既安全保险，又能随时取回，一年只要6美分，实在划算。"

这位犹太人从银行的贷款制度中发现了"钻空子"的机会，以6美分利息的代价，获得了更为牢靠和安全的存放票据的场所。成功的商人就是这样绞尽脑汁地一点一滴积累着财富，令人叹为观止。犹太人之所以在商业领域表现突出，是有其独特的方法的。看来，成功一定有方法。

走向成功没有捷径，但绝对是要讲方法的。著名作家托尔斯泰说过："成功一定有方法，失败一定有原因！世界上只有两种人：一种是观望者，一种是行动者。大多数人都想改变这个世界，但没有人想改变自己。"如果做事注重方法，就更能创造价值；如果做事注重方法，就很容易获得成功。

勤为创造利润找方法

拥有30亿美元资产的美国艾乐公司总裁艾米莉，也是一个善于运用绝妙方法的高手。艾米莉在年轻的时候曾经做过一段时间的糖果店营业员。那时，前来购物的人都非常喜欢她，总是等到她卖东西时才买。有人好奇地问艾米莉："为什么顾客都喜欢找你而不是找其他的店员呢？你有什么诀窍吗？难道是你给的分量多吗？"艾米莉摇了摇头说："我绝对没有多给他们，只是一般人卖糖果的时候，都是开始时拿的糖果过多，然后再一点点拿出来。而我是先少拿点，然后再一点点把分量加足。这样一来，顾客们自然喜欢我了。"

艾米莉把握住了顾客的微妙心理，改变了自己的称糖果方式，从而赢得了顾客的喜爱。可见，做事讲究方法技巧，会带来事半功倍的效果，成功目标也会提前实现。所以在生活或者工作中碰到问题百思不得其解的时候，你也不妨试着换个方法看看，说不定能有意想不到的奇效。

无论是创造更高的绩效，还是解决困难，都必须采用正确的方法。

成功者与失败者往往就差一点点：成功者善于寻找方法，坚持目标；失败者总是改变目标，却从不寻找解决困难的方法。善于创造利润的人和成为企业累赘的人的重大区别就是：前者勤于为完成有价值的工作寻找更有效的办法，努力解决工作过程中遇到的每一个难题；后者则容易在困难面前选择逃避，对于那些能创造价值的事情并没有养成积极主动去做的习惯。

生活需要技巧，工作讲究方法。我们需要强调服从，不找借口，彻底执行，但前提是要用正确的方法去执行。我们要勤奋地工作，更要用对的方法勤奋工作。我们注重工作的绩效，因此我们就应该养成多为创造利润寻找方法的习惯。切记，正确的方法，再加上勤奋努力，使你更容易在竞争中脱颖而出，成为佼佼者。

4. 科学规划时间：提高效率的最大法宝

> 在同样的时间里，谁的产出多，谁的效率就高，谁就能创造更多的利润，从而占有更大的竞争优势。
>
> 要想最大限度地提升效率，向成本要利润，就一定要做好时间管理！

每天你一起床，就有一笔财富在你手里，那就是时间。只要我们拥有时间，我们就是富有的，因为我们每天都有86400秒可以支配。如果你不珍惜，时间就会像风一样从你的身边溜过，给日子留下一片空白。当你懂得珍惜，知道让每一秒都给生活涂上一抹色彩时，你的人生就会绚丽起来。

记得有人说过：想要体会"一年"有多少价值，可以去问一个失败重修的学生；想要体会"一个月"有多少价值，可以去问一个不幸早产的母亲；想要体会"一周"有多少价值，可以去问一个周刊的编辑；想要体会"一小时"有多少价值，可以去问一对等待相聚的恋人；想要体会"一分钟"有多少价值，可以去问一个错过火车的旅客；想要体会"一秒钟"有多少价值，可以去问一个死里逃生的幸运儿；想要体会"一毫秒"有多少价值，可以去问一个错失金牌的运动员。所以，请珍视你所拥有的美好时光，努力地发挥时间的最大价值。时间对于每个人都是公平的，导致不同命运的原因就在于你如何利用它。

斯科特·汉密尔顿是美国著名花样滑冰运动员，他的母亲经常对他说："上天给你的生命不过是许多分钟，而且是有限的。从你出生的那一天开始，你就只有这么多分钟的生活，因此，你必须好好利用每一分钟。"

在一生中，我们每天都可以自由地选择如何处理自己所拥有的每一分钟。你既可以把它消磨在咖啡屋和酒吧里，也可以将它花在研究室里或运动场上。由于受到母亲的影响，汉密尔顿也十分珍惜时间，抓紧每一分钟去训练。辛勤的汗水，终于换来了丰厚的回报，他在1981—1984年连续4次都获得了世界花样滑冰锦标赛男子单人滑的冠军。

对于追求投资回报的企业来说，"时间就是金钱"这句话可谓至理名言，不同的人利用时间的能力不同，不同的企业利用时间的能力也参差不齐，这也是企业成败的一大关键！在同样的时间里，谁的产出多，谁的效率就高，谁就能创造更多的利润，从而占有更大的竞争优势。

为了提高效率，必须科学规划时间

许多企业都知道要提高效率，却总是以定性的方法来进行，结果许多时间在不知不觉中浪费掉了却不感到可惜。须知，效率是以时间为基准来衡量的。对时间和产出进行定量的分析才是提高效率的正道。

只要你仔细想想，你就会发现，有很多时间都是被白白地浪费掉了。在办公室工作的时候，你根本就不可能把所有时间都用到工作上，外人来访、接打电话都会打乱你原有的工作计划，甚至因为办公桌不整洁，在堆积如山的文件中寻找资料也会浪费宝贵的时间。所以，如果想在职场上占有一席之地，你就必须学会有效地抵抗厉害的时间杀手。

要想最大限度地提升效率，向成本要利润，就一定要做好时间管理！试着按照下面的方法去行动，你一定能利用好时间，走向成功。

（1）**时间管理首先就要设立明确的目标**。所以，你必须把全年的4到10个目标写出来，找出一个核心目标，并依次排列重要性，然后依照你的目标设定一些详细的计划，然后依照计划进行。

（2）**列一张总清单，把今年要做的每一件事情都列出来，并进行目标细分**。比如，把年度目标细分成季度目标，列出清单；然后再把季度目标细分成月目标，并在每月初重新再列一遍；另外，每个星期日，把下周要完成的每件事列出来；同时，每天晚上把第二天要做的事情列出来。

（3）**运用20：80定律**。用你80%的时间来做20%最重要的事情，因此你一定要明确，对你来说，哪些事情是最重要的，是最有影响力的。

（4）**每天至少要有一小时的"不被打扰"时间**。假如每天你能有一个小时完全不受任何人干扰，自己关在自己的房间里面，思考一些事情，或是做一些你认为最重要的事情。这一个小时可以抵过你一天的工作效率，甚至有时候这一小时比你三天工作的效率还要高。

（5）**同一类的事情最好一次做完**。比如打电话，最好把电话累积到某一时间一次全部打完。熟能生巧，当你重复做一件事情时，你的效率一定会提高。

（6）**做好"时间日志"管理**。把每天用的时间——记录下来，从刷牙开始，到晚上睡觉，做了哪些事，用了多少时间，你会发现浪费了哪些时间。只有找到浪费时间的根源，你才有办法改变。

"时间是构成一个人生命的材料。"每一个人的生命是有限的，属于一个人的时间也是有限的。所以，要想不虚度一生，成就一番事业，就要珍惜时间，把握现在。

当你学会科学地规划时间时，你将更容易懂得如何提高效率，从而能更迅速地养成创造利润的习惯。

5. 明确你的目标，每天提高1%

> 作为企业的员工，你要时刻树立这样一个目标：我今天的工作要比昨天的工作更有绩效，明天的工作会比今天的工作更有绩效，我今天创造利润的能力要比昨天提高一点点。这本身，也是对自己、对企业都非常有利的双赢的事情。

要让创造利润成为习惯，就必须拥有目标。事实上，目标不仅关乎你的工作效率，更决定你的人生成败。有没有目标，会不会运筹，决定了你在成功道路上能走多远。一个人目前拥有多少并不重要，重要的是他打算获得多少。我们在世界上的价值相当于我们为自己预定的价值。一个心中有目标的普通职员，有可能成为创造历史的人物；一个心中没有目标的人，只能是个普通的职员。

没有目标，就不知道该往哪里去；没有目标，就不知道为了什么而去实现你的价值。因此，你首先要确定自己想干什么，想成为什么样的人，然后才能完成自己想做的事情，达到自己的目标。

每位优秀的员工都有自身明确的职业目标，他们的目标并不是空想，也不急功近利。那么，优秀员工应该如何设立自己的目标呢？正如任何企业都应该既强调短期回报，又注重长期效益一样，优秀员工在设立目标时，也应该既切实可行，又有一定的长远性。我们通过研究职场成功人士的无数案例发现，若想成为一名杰出者，为企业排忧解难，就要提高工作效率，养成创造利润的习惯，并每天都让自己提高一点点。

如果你不能让自己每天提高一点点，没有把为企业创造利润作为你的目标，那么在不久的将来，你就容易被淘汰出局。

马克三年前在一家合资企业担任网络通信设备销售总监，因为他一直忙于日常应酬事务，在"干杯"声中三年就过去了。三年后，他的一名下属学历比他高，能力比他强，经验也在数年的商海沉浮中获得了积累，销售业绩惊人，创造出了极为可观的利润，在公司的绩效考评中名列第一，从而将马克取代了。最终，留给马克的除了美好回忆和一个"将军肚"外，唯有一声叹息。

马克为什么会被取代？因为他没有明确的职场目标，没有养成为企业创造利润的习惯，没有每天都让自己提高一点点。

掌控时间，提高自己

要工作表现出众，成就非凡的事业，又要有自己的生活与享受，你就必须善用时间，要高效。因此，你必须在同样的，甚至更短的工作时间之内，完成更多的工作，使绩效更好，这样你每天才会有多余的时间可以自由支配。

每个人的一天都是24小时，无一例外。但是有些人将这24小时利用得十分充分，可以在同样的时间内，比别人完成更多、更好的任务，因而脱颖而出，获得更好的成就与更多的回报。这就像是百米竞赛，同样是一百米的距离，世界冠军只用了9秒多就跑完了，而一般人要跑13秒以上。冠军获得奖杯、奖金与荣耀，而一般人只感到肌肉酸痛。

20世纪70年代的时候，欧美一些未来学家曾预言："当人类跨入21世纪时，每周的工作时间将压缩到36小时，人们将会有更多的时间休闲娱乐。"

但当时间真的迈入21世纪时，人们却惊讶地发现，相当多的人每周工作时间在无限延伸，而那些不想工作、只重娱乐的人都被"剥夺"了工作的权利，被市场无情地淘汰和抛弃了。未来学家们的美好预言被残酷的事实无情地击了个粉碎！假如你不提高自己，可能就会被别人超越。

每天提高1%

"每天提高1%。"这是一位经理人时刻告诫自己的一句话。只有每天不断地进步与突破，你才能摘取成功的桂冠。一个人要有伟大的成就，就必须天天有一些小成就，因为大成就就是小成就不断累积的结果。假如你每天都没有进步，没有成就，那么在心理上你可能永远都不会认同自己，没法获得必胜的信心。

对于一个企业而言，每天提高1%并不是一件很困难的事情，比如制作某种小型器具，你一小时能生产100个，把效率提高1%后，每小时就能生产101个。开动机器，说干就干！你不需要对生产方法进行根本性变革，也无须有超人般的生产速度，只需要稍微加把劲。当你实现这一目标后，你会发现几乎任何事情要提高1%的效率都不难做到，而这少许的努力将产生不小的回报。

把效率提高1%需要你更有效地利用时间，那么怎样安排更科学合理呢？

（1）将起床时间提前。你想寻求一种能提高个人办事效率的简便而又有效的方法吗？那么就请你每天提前一个小时起床上班。提前一个小时不会使你感到困倦，相反能为你带来意想不到的良好效果。

创造利润

（2）少浪费1%的时间。尽力避开浪费时间的活动，你一定要肯定你参加的活动确有价值而且自己感兴趣才行。不要去参加那种自始至终你都是一个盲目跟从者的会议，即使你在该组织中担任领导职务，那样只会浪费你和别人的时间。

（3）让思考速度提高1%。像其他任何事情一样，思考也是一个不断进步的过程，它可以被传授，被学会，可以被实践和发展。

（4）多获取1%的能量。在实施全套提升体能计划之前，工作中注意以下一点：午饭不要过饱，否则你会昏昏欲睡，应试着"少食多餐"。

（5）较高的工作效率只能保持一两个小时，这是集中精力工作的最佳时间长度。研究表明，全神贯注于某种活动90~120分钟后，精力便难以继续集中。这时你需要休息一会儿，以便于体内进行生化反应，恢复体能。

每天提高1%的威力是无穷的，只要我们有足够的耐力，坚持到"第28天"以后，你进步的程度会让自己都感到惊讶。

一个人如果每天都能提高1%，就没有什么能阻挡他成功。成功与失败的距离其实并不遥远，很多时候，它们之间的区别就在于你是否每天都在提高你自己。假如今天的你与昨天的你相比没有进步的话，那么你就会被无情地淘汰。

作为企业的员工，你要时刻树立这样一个目标：我今天的工作要比昨天的工作更有绩效，明天的工作会比今天的工作更有绩效，我今天创造利润的能力要比昨天提高一点点。这本身，也是对自己、对企业都非常有利的双赢的事情。

6. 沟通提升效益，交流带来业绩

> 交流沟通是我们工作中最重要的方式，一切工作都是建立在人与人之间的交流与协作上的。要想工作高效，要想养成创造利润的习惯和能力，有效的交流沟通是员工的必修课。

沟通也能够提升效益？交流也可以带来业绩？确实如此。

因为沟通可以使团队的协作更加顺畅，交流帮助成员之间工作起来更有默契，从而提升效率，带来更大的业绩。

21世纪是一个充满激烈竞争的时代，要想成为一名出色的员工或者管理者，不仅要有应对问题和挫折的能力，还要与客户、同事、合作伙伴和供应商建立良好的人际关系。因此，提升沟通艺术，并对人际关系进行良好的运作，就成为提升效率的重要保证。

许多问题都是由沟通不当或缺少沟通而引起的，结果会不可避免地导致误传或误解。通常，沟通不当在管理者所犯的错误中位居首位。根据调查显示，企业所犯的错误大约有20%是由沟通不当引起的。

团队没有了默契，就不能发挥团队绩效，而团队没有交流沟通，也不可能达成共识。作为员工，要能善用任何沟通的机会，甚至创造出更多的沟通途径，与他人充分交流。团队有共识，才能激发各自的力量，创造更大的利润和绩效。

良好沟通，才能执行到位，才能提升绩效

人与人之间的沟通，无论在什么时候都是需要的。你快乐开心、春风得意时，真诚的沟通让你看到存在的问题；你遇到困难时，沟通是一个方向标，帮你找到通道。心平气和地去沟通，好好交流自己的想法，许多矛盾、困难便可迎刃而解。一个团结的部门，一个有战斗力的团队，沟通是基础，沟通了才能理解，才能执行到位。只有执行到位，才能提升绩效。

曾经有一个人问沃尔玛的缔造者山姆·沃尔顿："你是如何从一个开杂货铺的人，成为如此富有的人的呢？"山姆·沃尔顿回答："任何一个企业的成功，不仅仅是因为一个单纯的因素，而是多重因素共同作用的结果。但是如果要从中选出一个我认为最重要的因素的话，那么我认为是沟通。与员工沟通，与客户沟通，与所有人开展积极有效的沟通，只有这样，你才有可能发现和把握每一个机会，永远保持卓越。"

在沃尔顿的经营理念中，沟通是最重要的。甚至早在沃尔玛只有几家分店的时候，沃尔顿就一直在坚持和实践着这个基本原则。为了保持及时良好的沟通，沃尔顿在信息管理和卫星通信上花费数亿美元。沃尔玛内部每个星期六都要召开工作会议，就一个星期以来公司的各项问题和发展规划进行交流讨论。

沃尔顿要求上自各级主管，下到采购人员，每星期必须花3~4天的时间巡视分店，到基层了解和处理店内事务，他自己亦是如此。公司配备了12架专机，就是特意为此而准备的。地区经理和高级主管往往是星期一外出，星期四回到本顿维尔，然后飞机又载上采购人员飞往世界各地。星期四经理主管们回到总部时，总能带回一些有价值的信息和建议，经过星期五的交流和

讨论，拿出方案对策，一般星期六晨会后就能得到执行和落实。

这就是沃尔顿的沟通理念，从阿肯色州第一家沃尔玛开业以来，他就用沟通的方式来了解不同顾客的不同要求，不断调整完善公司的经营方法和经营理念，打造和谐团结的企业团队，从而使沃尔玛发展成为今天的商业航母。

从沃尔玛的执行力来说，在确定了战略目标后，其不惜花费巨额财力来保障员工之间的沟通顺畅，使员工对公司的战略也了如指掌，从而产生了这种强大的执行力，创造出了美国和世界最大的商业零售公司。

要想工作高效，有效交流必不可少

科学研究表明，人除了睡觉的时间以外，必须花费70%的时间在人际沟通事务上。工作越复杂，所花费的沟通时间就越多。一般在沟通时间中，9%以书写方式进行，16%以阅读方式进行，30%以口语沟通完成，其余45%必须花费在倾听别人的意见上。

交流沟通是我们工作中最重要的方式，一切工作都是建立在人与人之间的交流与协作上的。要想工作高效，要想养成创造利润的习惯和能力，有效的交流沟通是员工的必修课。

良好的沟通，可以：（1）减少误解；（2）使人获得更佳更多的合作机会；（3）使自己办事更加井井有条；（4）使人更乐于作答；（5）使人觉得自己的话值得聆听；（6）增加自己进行清晰思考的能力。

沟通是完美执行的保障。沟通并不是一种本能，而是一种能力。也就是说，沟通不是人天生就具备的，而是在工作实践中培养和训练出来的。所以，想要提升竞争力和效率，想要增强创造利润的能力，就必须不断地运用有效的沟通方式和技巧，随时有效地与"人"接触沟通，只有这样，你才有可能不断进步，立于不败之地。

7. 成为每个企业都需要的人

> "第一次就把事情做对"的态度决定了员工的未来,它是一个人通向成功之门的钥匙;"第一次就把事情做对"的态度也决定了企业的未来,它是企业持续创造利润、提升绩效的根本。

每个企业都需要的是什么样的人?能够创造利润的人。什么样的人最能创造利润?第一次就能把事情做对的人。

"第一次就做对"是著名管理学家克劳士比"零缺陷"理论的精髓之一。

到大众的现代化车间参观过的人,都会在感叹那里的汽车流水线现代化的同时,发现在车间的醒目位置上,有着巨幅标语"第一次就做对"。

初看之下,有人疑惑,怎么这么"现代"的车间里,会有这么"不客观"的标语?我们可能会思考:第一次就把事情做到位,可能性到底多大?

要把事情做对,需要多少次?是四次?还是三次?最好是几次呢?当然是一次!

在整条流水线上,每一个零件生产出来之后马上就被送去组装,因为没有库存,任何一个环节出了问题,都会导致全线停产,所以必须百分之百地

"第一次"就把事情做对。

第一次就把事情做对，是对员工的期待，它时时提醒员工，要尽最大的努力，在接手每一件事情时，抱着"第一次就做对"的信念。

第一次就做对，是对工作品质的要求，只有"第一次就做对"，才能保证效率，确保执行到位。只有"第一次就做对"，才是成本最低、产出最大的做法。

做对就是符合要求，而不是好或者最好

如果第一次就成功，我们可以节省第二次重复而造成的浪费。浪费减少，就相当于成本降低，也相当于利润提升。

在工作中，为什么很多人不能"第一次就做对"呢？因为这些人觉得，第一次做不对，还有下一次机会。其实，很多时候我们只有一次机会，错过了这一次，就没有下一次了，如果不把每件小事都当成大事，那当人事来临时我们就只能是旁观者。所以，要把握所有机会，把握唯一的机会，在第一次，就把事情做好、做对。

做对就是符合要求，而不是好或者最好。因为在大多情况下，做好并不意味着做对。

《孔子家语》里有这样一个故事：鲁国制定了一条法律，如果鲁国人在外国沦为奴隶，如果有人肯出钱把这些沦为奴隶的鲁国人买回来，可以凭"发票"到鲁国国库领取"国家补偿金"。这条法律出来后，大大推动了鲁国人的救赎行动，产生了极好的社会效果。

子贡是孔子门下最有钱的弟子之一，也是一位成功的商人。他在周游列国途中，遇到了一个鲁国奴隶，于是花钱把这个人赎出来。子贡觉得自己应该做得更高尚一些，于是把那些"收据""发票"全部当众撕毁，并声称：

创造利润

自己愿意承担所有费用，不向国家报销。这个行为轰动了整个社会。

子贡回国去见孔子，孔子盼咐其他学生说："子贡来了你们拦住他，从此我不想再见这个人。"

子贡感到很委屈。于是他冲破阻挡，见到孔子。

孔子说："你的行为没有损害你自己的行为价值，却损害了国家的法律。"

子贡的行为被舆论传播之后，产生了极恶劣的影响。因为后来者再也不能以正常的心态去向国家报销，又因为不能有效地实施这种报销制度，肯出钱赎买鲁国奴隶的人就越来越少。

在子贡看来，他做得非常"好"。而在孔子看来，子贡虽然做得"好"，却没有做"对"。

做对不是自己主观认为的"高尚""好"。子贡的做法显然是不符合要求的，所以自然会影响到政策执行的效果。任何工作只有符合客观要求，才能进入可执行的过程，从而达到预期的效果。

在企业中的每一位员工，也必须学会第一次就把事情做对，做到位，而不是自己主观认为的"做好"，这样才能最大限度地提升绩效、创造利润。

培养"零缺陷"的工作心态

如果你去问一个人，你会看说明书吗？我相信每个人都会说："会。"如果你再问一个人，这里有一个螺丝钉，还有一张关于如何将螺丝钉拧上去的说明书，你认为这个人会把螺丝钉拧好吗？很多人会说："肯定会啊。"可是实践证明，在大多数情况下，80%的人不会第一次就把那个螺丝钉拧好！因为他们并没有仔细看说明书。他们在失败了第二次、第三次的时候，才会想到说明书，才会在看了说明书以后，幡然醒悟。

第三章
不断提升效能，让利润追着你跑

为什么我们总是做不对？为什么我们总是犯这样幼稚的错误？因为我们已经沉迷于习惯性思考太久了，我们总是习惯于怠慢、看着办、模棱两可和差不多，我们很少想到工作就是去做对的事情，做对就是符合要求！

我们不仅可以把事情做对，而且还可以第一次就把事情做对！第一次就把事情做对才是真正的发展之道，是最能提升绩效之道，是最快最多地创造利润之道！

因此，我们要达到零缺陷的工作标准，就必须有零缺陷的工作心态。所谓零缺陷就是要树立"99%=0"的思想，100件产品中有99件优良，是不符合工作标准的。所以，零缺陷工作心态的要点是：不接受错误，不产生错误，不放过错误。

"第一次就做对"不是要你一生下来就事事做得完美，也许要经过很多挫折和失败才能达到这一步，但追求"第一次就做对"是节约时间、高效利用时间的最好方法。

"第一次就把事情做对"的态度决定了员工的未来，它是一个人通向成功之门的钥匙；"第一次就把事情做对"的态度也决定了企业的未来，它是企业持续创造利润、提升绩效的根本。

创造利润

第四章

积极创新：有创新才会有大利润

要养成创造利润的习惯，既需要习惯于节约，习惯于提升效率，又需要学会创新。事实上，有创新才会有大利润！积极而合理的创新会帮助我们找到使利润大幅度增长的蓝海。

"对于创新来说，方法就是新的世界。最重要的不是知识，而是思路。"

——著名创新思维专家 郎加明

1. 积极创新：有创新才会有大利润

> 要养成创造利润的习惯，既需要习惯于节约，习惯于提升效率，又需要学会创新。
>
> 事实上，有创新才会有大利润！积极而合理的创新会帮助我们找到使利润大幅度增长的蓝海。

爱因斯坦说过："想象力比知识更重要。"所谓创新或具有想象力，并不仅仅是设想出一件新产品或新的服务项目、一种经商的新窍门儿或者对传统方法的更新。创新是指用一种不同的方法表达自己的意思，用一种新方法处理老问题，用不同的姿势、服装或出差模式规范自己。这种创造力不断取得胜利，为一个企业定下了革新的调子。你不一定要成为人类最新思想之父，你可以用不同的方式去做一件件小事，从而做成你的创新事业。

提高创新能力最简单的办法是什么呢？观察并仔细研究大多数人在一般情况下是怎样做的，而你换一个方式做。不要跟着别人亦步亦趋，不要人家怎样做，你就怎么做。要有新花招，与众不同，推陈出新，超过别人。抛弃惯例，走新路子，有创新的企业就是这样脱颖而出的。

迈克·威尔费利是威尔费利家族公司的第四代首席执行官，这是一家生产、供应采矿与化学工业的工业唧筒的国际公司。

在他的办公室里,有会议区、会客区和工作区,整齐的文件可以随时翻阅。在一个角落里,在一块四英尺见方的厚塑料板上,摆放着工业唧筒的金属部件。六七块部件并排摆着,非常干净,就像你在机械师车间的角落里看到的一样。

当有人好奇问起时,他解释说:"我们出售的产品就是由这些部件构成的,我每天都要看几次。我经常问自己,我们如何进一步改善这些设备呢?是否可以把它们做得更小一些?是否可以用别的材料?由于我经常看到这些部件,所以它们始终在我心里。我虽然不是工程师,但公司是由我管理的。"

威尔费利充满了创新的思想,因此,公司在他的领导下不断地取得成就,从而也证明了他的创新思想是多么重要。

要养成创造利润的习惯,既需要习惯于节约,习惯于提升效率,又需要学会创新。

事实上,有创新才会有大利润!积极而合理的创新会帮助我们找到使利润大幅度增长的蓝海。

学会合理创新,就能收获巨额利润

积极创新,往往能带来巨大的利润。我们不妨以拍电影为例,看看创新是如何赚到巨额利润的。

每到岁末年关,以贺岁为招牌进行市场化运作的电影便会蜂拥而至。从演员到导演,从导演到制片人,无一例外地瞄准了这块"硕大肥实"的蛋糕。因为,带有浓重市场行为的"贺岁片"是演员"一夜成名"的大舞台,是导演"功成名就"的垫脚石,更是制片人票房收入的摇钱树。

"哪里有利益,哪里就有战场。"这个商界中不变的定理在这里同样适用。

贺岁片真正在中国内地大张旗鼓地制作并吸引众多人的注意是从1997年开始的，其领跑者是冯小刚。当时，北京紫禁城影业公司和冯小刚推出了《甲方乙方》，夺得3000万元人民币的票房，轰动一时。此后，冯小刚又接连推出《不见不散》《没完没了》《手机》《天下无贼》等影片，票房连连攀升，冯小刚因此稳坐贺岁片的头把交椅，执掌贺岁大旗。

有人曾这样评价冯小刚："他可能不是中国唯一的商业电影导演，但他绝对是当代中国导演中最懂商业电影的。"这个评价非常中肯。因为冯氏电影获得成功最重要的原因是，找准了自己的市场定位，还开创了一个先河——把导演从幕后拉到了幕前，让观众和市场进行选择。在自身品牌意识渐强的情况下，冯小刚等还适时融入了"花哨"的营销手法，从而形成了后续效应，让人们一说到贺岁片，立刻会把电影和很多事件营销结合在一起。

比如，电影《天下无贼》在宣传的时候，就举办了募捐晚会。同时，在电影中根据情节的需要，适时穿插了一些商业广告。《天下无贼》中刘德华和刘若英开着宝马车在荒原上发生争执，这时候驶来一辆大货车，两辆车有惊无险地擦身而过。这辆大货车正面和侧面写满了"长城润滑油"。刘德华和刘若英来来回回塞一张银联卡，而且每次都给那张卡一个特写。众贼扮成旅行团到寺庙偷香客，打的旗子上写着"淘宝网"等等，这都在无形之中给冯氏电影增添了"经济"动力。

有创新才有大利润。冯氏电影在电影中和电影外的各种小创新，为冯氏的每一部电影都带来了巨额的利润。

第四章
积极创新：有创新才会有大利润

2. 摆脱旧有模式，发现利润蓝海

> 要想持续创造利润，就必须积极创新，因为合理创新才会有大利润。摆脱旧有模式，发现利润蓝海，就是一种非常常见和实用的通过创新开拓利润池的方式。

《基业长青》里有句话很到位：企业的利润就像人体需要的食物、氧气和水一样，没有它们就没有生命。这句话清晰地点明了利润的价值和意义——没有利润，企业就没有生命。企业在找到价值和使命之后，要密切关注利润的获取，以便持续地补足生命必要的元素。

当利润出现问题后，企业就应该思考利润区有没有出现问题，应该如何争取利润最大化。

比如，英特尔曾经在存储芯片上拥有非常大的份额，可是利润并不十分乐观。眼看昨天的利润区慢慢变成今天的无利润区，英特尔陷入了思考当中："应该争取数量增长，还是价值增长呢？"最后企业毅然放弃了存储芯片，全力进入微处理器的研发和设计，并且不断推陈出新，在价值层面重新开发利润区域。

客户的需求是会变化的，利润区随着竞争和市场环境的变化也会逐渐退化，企业需要根据变动而进行改动。随着时代的发展，消费者变化的速度越来越快。**企业需要以一种动态的思维来发展运作**。当利润停滞不前时，不妨摆脱旧有的模式，重新开创新的利润区，以保证企业的持续盈利能力。

美国的迪斯尼公司不停地开拓自己的利润区。例如，他们分析客户的配套需求，从中找出了利润区在电影中的衍生产品。为此，他们先用一两年时间打造一个关键产品——一部全球知名的动画电影，接下来的两三年里，又挖掘出了与之相关的电影、电视、音乐等等。在迪斯尼乐园，孩子们可以看到影片中吸引他们的道具，可以参与其中拍摄情节，购买喜欢的偶像玩具以及服装饰物。迪斯尼乐园是迪斯尼出品的电影产品不断延续放大的最终空间。

从产业链上发现利润蓝海

要想持续创造利润，就必须积极创新，因为合理创新才会有大利润。摆脱旧有模式，发现利润蓝海，就是一种非常常见和实用的通过创新开拓利润池的方式。那么，企业应当如何找到新蓝海、发掘新用户、提升利润呢？

优秀企业的做法是从产业利润池的角度来寻找未来的客户。利润池是指某行业在行业价值链上的各个环节所赚取的利润总和。通过描绘和完善利润池，管理者能够弄清决定本行业利润分布的情况，以及与之相关的经济和竞争因素，借此了解本行业的基本结构，从产业的角度发现顾客新的需求，开创新的盈利业务。或者，转移、延伸企业的现有业务，占据产业价值链中利润较高的部分。

奥维管理顾问公司董事亚德里安·斯莱沃斯基是一位出色的战略思想家，他主张的需求创新规则中最重要的一条就是："从产品的角度看待你的业务，转变到从经济的角度研究你的客户。"管理者从产品角度看待业务，思考的是如何把产品和服务卖给客户。而从经济角度研究客户，实际上是用产业化、全局系统化的新思维方式去思考问题，这需要衡量价值链中各项业务利润的高低，择机转移延伸。同时，考虑的焦点不仅是把产品如何卖给客户，还包括客户如何更方便地使用产品、还需要什么相关的配套服务等，从而从客户的配套需求中来发现产业链中尚未被发现的利润区。

例如在汽车产业，60%的销售额由汽车制造商和销售商控制。但从利润的角度而言，制造和销售的利润却相对较薄，价值链上最盈利的一环是汽车租赁，其他的一些相关金融服务产品所获得的利润回报也超过了该行业的平均水平。如果继续研究其他的配套服务，会发现在汽车的价值链上还包括二手车销售、汽车美容等各种已知的或者尚待发现的新活动，这些可能就是给企业带来丰厚利益的未来利润区。

改变消费者思维模式，实现需求创新

要想带来成倍的利润，就必须在思维方式上做出重大改变。首先是自己的改变和创新，然后是影响消费者，使消费者在思维模式上做出重大改变。

例如，企业管理者可以改变自己的思维方式，实现需求创新，为获得未来的客户提供一种威力巨大的武器。正如管理专家莱德曼所言："如果你只想发生小小的改变，那你只需改变人们的行为方式；如果你希望带来成倍的改变，那你就必须改变人们的思维模式！"

摩托罗拉V70这款曾经风靡全球的手机，就是嫁接思维成功的明显例证。摩托罗拉在当初设计时，外观都是翻盖手机，此时诺基亚直板手机赶超上来，摩托罗拉陷入困境，怎么办？最终，摩托罗拉打破思想囹圄，请来苹果电脑的高级设计师，像设计电脑一样设计手机。终于，摩托罗拉V70出世了，结果异常轰动。设计师从苹果电脑的设计元素中获得灵感，重新引领了手机潮流。

创造利润

要开拓利润蓝海，进行市场细分也是个不错的方法。企业进行市场细分的目的是通过对顾客需求差异予以定位，来取得较大的经济效益。

中国的分众传媒作为第一支在美国上市的中国传媒股，把目光瞄准了传统媒体所不能充分覆盖的中高收入人群，把自己定位于面向中高收入人群的新媒体。仅仅用了两年半的时间，就打造出了一个遍布国内40多个城市的楼宇电视广告网络。分众传媒的成功之处在于抓住了市场细分化、产品细分化，由此带来了媒体的细分化趋势。

同样，星巴克为什么能够成功？在美国，每间咖啡馆都在卖咖啡，同时还出售汉堡、热狗、法式小炒、苹果派、甜甜圈。而只有主营咖啡的星巴克，在对顾客进行细分的基础上，将咖啡产品的生产进行系列化和组合化，根据不同的口味提供不同的产品，实现一种"专门定制式"的"一对一"服务，把生意做到了全球。

可见，对消费者的思维模式的改变是何等的重要，对需求进行创新是何等的重要。

3. 顺势而为，是利润回报最大的创新

> 顺势而为，是利润回报最大的创新。顺势而为，就是顺水行舟。善于明势的人，总能因势利导地寻找到赚钱之道，总能抢得先机。

合理的创新，往往帮助我们收获利润。那么，利润回报最大的创新是什么呢？实践证明，顺势而为，是利润回报最大的创新。比如，比尔·盖茨曾为世界首富，并且"霸占"该宝座长达十多年，就是当年他能够顺势而为的结果。

势，就是事物的发展趋向。做过期货的人都知道，要想赚钱关键是要做对方向，这个方向就是势。比方说，大势向空，你偏做多；或者大势利多，你偏做空，你不赔钱谁赔钱！反过来做，你就是不想赚钱都难。

势有大小之分。大者，世界格局的重组，国家政局的变化等；小者，市场的需求，自身的优势等。对于一个企业来说，大到政策法规的出台，小到地方官员的去留，都会对自己有影响。国际经济形势和国家政策与企业更是有直接的关系。做对了方向，顺着国家鼓励的方向努力，事半功倍，比如俞敏洪就是赶上了全国性的英语热和出国潮这种"势"。做反了方向，比如国家正准备制定政策进行限制、淘汰某行业，那肯定会举步维艰。

小商人可以看到短时间内一个地方的一种事物的发展趋势，大商人则能

看清天下大势和发展趋势。**李嘉诚说过："精明的商家可以将商业意识渗透到生活的每一件事中去，甚至是一举手一投足。充满商业细胞的商人，赚钱可以是无处不在、无时不在的。"**当某种事物或潮流将要来临的时候，聪明的商人就已经提前预知了，并且做好了一切准备，专门等着它的到来。

1995年，浙江有几个农业函授大学毕业的青年，在浙江某山区租赁了一大片山丘地，办了个"花草园"，种地皮草、速生苗木和四季鲜花。因为他们认清了大势，看到了近几年经济发展浪潮带来的新需求：浙江省经济实力在全国名列前茅。从1990年到1995年，全省生产总值及人均产值，每年平均增长分别为19%和18%，比上海市都高。由此带来的形势是：有好几个县要马上升格立市，一批中小企业兼并成大企业集团，一批学校要扩建。而这些单位都有一个共同的需求——绿化。他们更知道，任何一个有世界观和现代观的市长，心里想的除了"米袋子""菜篮子"外，肯定还会有一个"草皮子"。花草苗木，虽然目前没有人太在意，但等到经济大潮拍岸而来时，它肯定是抢手货。

古人曰："月晕而风，础润而雨。"几个青年正是从细微的先兆中认清了后来的发展形势，而形势的发展果然不出这几个青年所料，因而他们抓住了机遇，赚了钱。他们能明势的原因还在于他们是从经济发展会更好中看到了花草的销势必将越来越好。他们用的是"向前看"的目光，而在中国几千年来发展缓慢的农耕社会里，耕作方式和经验有很长的"有效期"和重复的"利用值"。世代相传的结果形成了人们的思维方式习惯于"向后看"，用多年累积下来的观点来审视今天。但今天的市场是瞬息万变的，所以，要做到准确把握大势，就要突破陈旧僵化的观点，用面向未来、见微知著的思维方式来解读当今日新月异的时代发展。

第四章
积极创新：有创新才会有大利润

善于顺势而为，就总能抢得先机

顺势而为，是利润回报最大的创新。

顺势而为，就是顺水行舟。善于明势的人，总能因势利导地寻找到赚钱之道，总能抢得先机。

企业如果想要发展，"机会"重要，还是"趋势"重要？这也许是每一个管理者思考的问题。机会成就人生，非常重要；趋势是大机会，而机遇则可以理解为短期的趋势。机会往往是可见的、短期的，比如说天气很热，空调就好卖，这个很多人都知道，一般人都能把握；然而，趋势往往是不可见、变幻莫测的，每个人都有不同的预测。一个人怎么站在未来看今天、站在未来安排现在，关键就在于你怎么看未来。获得巨大成功的人和企业，都是看清了趋势，做好了准备，并取得了成功。

动物学家研究发现，狼的嗅觉异常灵敏，比狗还要强上十倍。十里八里之外的猎物不管藏在哪，都逃不过狼的鼻子。同时，狼还十分敏感。据说狼在追捕兔子的时候，能够未卜先知兔子在第七步所跳的位置，所以就扑向那里，轻松捕到兔子。企业要获得发展，就要拥有狼的嗅觉，从蛛丝马迹中发现商机，改变命运。

几年前，很多人坚信互联网一定能在中国成为潮流。但是当互联网的冬天来临后，很多人认为中国的互联网有许多难题，不看好，所以就放弃了互联网。

但是，凡是坚持做互联网的，相信这个趋势的，现在都成功了。马云、李彦宏、马化腾等等，他们一直都没有放弃。他们就是发现并坚持了趋势，所以成功了。其实，现在很多互联网富豪，都是顺应了趋势。

现代市场瞬息万变，能够把握一种流行趋势实属不易。所以，这就要求决策层在做出任何一项决策前，必须仔细研究分析市场，既要能赶上潮流，还要超前于潮流。因为，人们的需求在不断变化，市场也在不断变化，今天畅销的产品，也许明天就无人问津，就像跳舞一般，快于节奏或慢于节奏都不行。

第四章
积极创新：有创新才会有大利润

4. 为成本精打细算，也是一种创新

> 要想使产品获得最大的利润，就必须掌握好成本，并想方设法精打细算，同时想出利润增长的新招数。

在前面的章节里，我们已经指出过，无论是企业还是员工，最起码的要求就是要具有强烈的成本意识，要"斤斤计较"。我们也已经明白，如果每位员工都树立了强烈的"精算"意识，自觉意识到自己就是企业的主人，对企业的每一道工序、每一个环节，甚至对每一滴水、每一度电……都十分敏感，都十分计较，那么，在恶劣的市场竞争中的交易成本，才能得到不断的降低、降低、再降低，企业也才能真正地成为市场的赢家。

事实上，为成本精打细算，也是一种创新。

"顺境靠胆量，逆境拼成本""为成本努力想法子也是一种创新"，这些都是无数成功企业的经验之谈。

吉利成立之后，李书福面临生存的难题：一没技术二没资金，如何和其他强势的汽车品牌竞争？再三权衡，李书福决定主攻低端轿车市场，打起了"价格优势"牌。李书福当时放出豪言："一辆夏利车卖到十几万元，价格贵得离谱。吉利要造百姓买得起的车。"

在造车过程中，李书福为吉利树立了价格优势。那么，价格优势怎么来的？李书福的做法是这样的：在外观上，模仿其他成熟车型，以节省成本；

在组件上，大规模采购零件自己组装。最后，就只有李书福个人从牙缝里省了。一直到现在，李书福还以"抠门儿"而出名。

在李书福的穿戴上最为著名的是他的那双鞋。在接受中央电视台采访时，李书福曾当场把鞋脱下，表示其穿的是浙江一家企业生产的皮鞋，物美价廉，结实耐用，价格只有80元。

吉利内部人员透露，吉利员工很难见到李书福买500元以上的衣服，他让秘书去买西装时，还特别强调"要300块钱一套的"。平时，李书福总喜欢穿一件黄色的夹克，在厂区干脆就穿工作服，数来数去，李书福似乎只有一套稍好点的西服，这是他在非常重要的场合才穿的"形象服"。

同样，吉利内部管理也秉承李书福的作风。据说，李书福要求吉利人员出差订购机票，如果同一时段有打折的机票，坚决不允许订购全价票。

也正是因为李书福的抠门儿，吉利汽车才有更大的成本优势，吉利汽车一直保持着同级车中价格最优的水平。

就这样，吉利车一问世，便以超低的价格让竞争对手瞠目结舌，更让老百姓获得了实实在在的优惠。价格，是竞争中最有力的武器，更是最简单有效的商业手段。结果，吉利汽车销售十分火爆。吉利顺利生存了下来，并获得了发展。

可见，"抠门儿"是一种强大的竞争力，更是一种创新。很多人都懂得"抠门儿"，可是并不是谁都会花精力于如何合理"抠门儿"上的，更不会在"抠门儿"上想出新招数。所以，那些懂得如何在"抠门儿"上创新的人，就获得了竞争优势。

"抠门儿"是一种强大的竞争力，更是一种创新

为控制成本而创新，并不是不花钱，而是要把握住一个花钱的度，要合

第四章
积极创新：有创新才会有大利润

理地花钱,要让每一分钱都花在能产生价值和利润的地方。换言之,要把钱花在刀刃上。为控制成本而创新,就是想办法把钱都花在最需要之处。

那些创造大利润的人,那些能致富的人,在控制成本的创新上,是非常舍得下工夫、花精力的。他们往往不该花的钱不花,该花的钱也斤计较地花,总是懂得使金钱的价值最大化,还要想方设法地确保资本的最快回收和最大的盈利。

要想使产品获得最大的利润,就必须掌握好成本,并想方设法精打细算,同时想出利润增长的新招数。

无论是企业还是员工,要想获得竞争优势,都应该学会为成本精打细算,学会在"抠门儿"中创新,从而将产品的收益最大化,不断创造利润。唯其如此,才能在激烈的竞争中生存下来,获得发展的资本。

5. 危机是危险也是契机，经验是宝藏也是陷阱

> 要创造利润，一定要用新的角度来看待问题和危机，找到利润池，然后迅速深挖。这样，看似危机的情形就一定会化为转机，最终形成回报丰厚的财富。
>
> 经验不一定是宝藏，也有可能是让你吃大亏的陷阱。

无论是经营企业还是人生发展，都会遇到困境和危机。但不同的是，弱者在危机面前崩溃，而强者可以把危机转变成机会。

危机意味着"危险"，同时也意味着"契机"。任何一个"危机"，如果处理得当，另辟蹊径，都可能演变为新的"契机"。

洛克希德·马丁公司的前CEO奥古斯丁认为："每一次危机本身既包含着导致失败的根源，也孕育着成功的种子。"事实上，没有绝对糟糕的危机，只有不适宜的危机处理方式。如果处理得当，危机完全可以演变为"契机"。众所周知，1982年强生公司的"泰诺"中毒事件，由于正确的危机处理，不仅化解了一场"灭顶之灾"，还奇迹般地为强生迎来了更高的声誉。

2008年以来，经济危机带来的后果在全美国继续恶化，失业率不断升高、工商业破产，令人们被迫放弃住房。其实，他们应该多多领悟一下经济

学家保罗·罗摩曾说过的"危机即是机遇"的名言。事实上，美国极少浪费过去出现的危机，而是反复利用它们清除旧事物，开创新事物。例如，利用19世纪的长期萧条，美国这个国家最终脱胎换骨，从农业经济迈向了工业经济，开创了规模空前的繁荣期。

创新思路，危机就会成为契机

现代社会竞争激烈，各种各样的危机遍布在我们身边。面对危机和险境时，你不要把它想象成不可克服的障碍，也不要被危机吓倒。因为，危机和困难只是一时的，只要你勇于面对，善于思考，敢于突破，危机也就迎刃而解。

1847年，17岁的李维·施特劳斯从德国来到美国，投靠在纽约开布店的哥哥。1850年，美国西部出现了淘金热，20岁的李维也加入了被发财的热浪所驱使的人流当中。他只身来到旧金山，试图找到一处金矿。然而，他几乎耗尽了所有积蓄，都没能发现一处金矿，他几乎要绝望了。一天，李维默然地坐在地上，看着大街上熙熙攘攘的淘金者。一转眼，他看到了自己帐篷里堆积如山的帆布——本打算用来制作淘金时野营用的帐篷和马车篷的帆布。他转念一想，改变了淘金这一初衷，决定另辟发财门路。他先是开了一家销售日用百货的小商店，主要卖帆布。李维认为：淘金固然能发大财，但为那么多人提供生活用品也是一桩能赚钱的好生意。

一天，李维正扛着一捆帆布往回走，一个淘金工人拦住他说："朋友，你能不能用这种帆布做一条裤子卖给法布尔？法布尔整天和泥水打交道，普通的裤子不耐穿，只有帆布做的裤子才结实耐磨。"

李维听后，灵机一动，一条生财之道马上在他的头脑中闪现。于是，他立即将那位淘金工人带入一家裁缝店，按他的要求做了两条裤子。这就是世

创造利润

界上最早的牛仔裤。

由于牛仔裤结实耐磨,很快就成为淘金工人购买的热门货,最终风靡全球,李维也成为牛仔大王。

李维的成功经验说明,在遇到危机和困境的时候,一定不能绝望。古往今来,那些在各个领域取得成就的人,往往都是在最困难的时候,积极地创造条件,寻找新的机会,最终取得了成功。

要创造利润,一定要用新的角度来看待问题和危机,找到利润池,然后迅速深挖。这样,危机中就一定会出现转机,最终形成回报丰厚的财富。

要与时俱进,别迷信经验

让创造利润成为习惯的人,往往明白这样的道理:危机不一定是危险,因为里面往往包含着契机。同理,经验不一定是宝藏,也有可能是让你吃大亏的陷阱。

野兔是一种十分狡猾的动物,缺乏经验的猎手很难捕获它们。但是一到下雪天,野兔的末日就到了,因为野兔从来不敢走没有自己脚印的路。当它们从窝中出来觅食时,总是小心翼翼,一有风吹草动就会逃之夭夭。但走过一段路后,如果是安全的,返回时野兔也会按照原路走。猎人根据野兔的这一特性,只要找到野兔在雪地上留下的脚印,然后做一个机关,第二天早上就可以去收获猎物了。

野兔的致命缺点就是太相信自己的经验,人类其实也经常犯野兔式的错误。许多时候,我们不是跌倒在自己的缺陷上,而是跌倒在自己的经验和优势上。因为缺陷常常给我们以提醒,从而使我们小心翼翼,而优势和经验却常常使我们忘乎所以,麻痹大意。

许多人喜欢登山这项运动,因为可以挑战自己,挑战极限。当人们把自己的足迹留在山顶上的时候,一种征服大自然的成就感就会油然而生。然而,登山的过程中时刻伴随着危险,所以说这是勇敢者的运动。但是只靠勇敢还是不够的,还需要力量、细心等。在登山运动中,攀登雪山更是危险。著名的喜马拉雅山每年都会迎来许多勇气可嘉的想征服它的人。有一年,一支登山队来到了这里。在他们准备好了食物、药品以及其他登山器材即将上山的时候,一位专家提醒他们说:"多带几根钢针,燃气炉的喷嘴在严寒的状况下极易堵塞,只有钢针能够解决这个问题。不要小看了这几根钢针,如果燃气炉堵塞的话,就意味着全体队员的生命将要受到威胁。"遗憾的是没有人听专家的话,因为按照经验,他们认为带一根钢针就够了,何必再多带几根呢。

到半山腰时,燃气炉真的堵塞了。带着钢针的人把钢针拿了出来,但是天气太冷,钢针变得很脆,他一不小心就把钢针给弄断了,于是全队的饮食从此断绝。最后,这支登山队没有一个人能从山上走下来。

经验确实很重要,但绝对不能过于相信经验,否则经验就会成为陷阱,造成无法挽回的损失。

要追求利润和效益,就别迷信经验。即使经验很重要,我们也一定要具体问题具体分析,开动思路,适度创新,才能把事情干好,才能在竞争中胜出,才能收获更多财富。参考经验,适度创新,因地因时因事制宜,多做准备,才能成为最后的赢家。

创造利润

6. 当鱼与熊掌不能兼得时，学会放弃

> 懂得选择，学会放弃，是经营中很需要学习的大智慧。
>
> 创新思维的表现之一，就是你能迅速放弃快要干涸的利润池——盈利越来越困难的项目，发现并迅速挖掘新的利润池——创造新利润的项目和业务。

在追求利润时，我们需要努力使利润最大化。但我们更需要明确的是，追求利润最大化，并不意味着要把所有利益都收罗到自己的手中，很多时候追求利润也要适度，否则过犹不及。懂得选择，学会放弃，是经营中很需要学习的大智慧。同时，懂得取舍也是一种高明的创新。

放弃来自顾全大局的果断与胆识，是工作中时时要面对的清醒选择，学会放弃才能卸下种种包袱，轻装上阵，或收获属于自己的利润和收益，或安然地渡过难关继续向前发展。

"股东们几乎要吃掉我"，回忆起1993年刚刚成为随时可能破产的蓝色巨人IBM的CEO时的经历，强硬得"把钉子当早餐"的郭士纳也感觉到压力巨大。但他还是做了一个看似极为疯狂的决策：将公司利润最丰厚的大型机业务降价！这就像微软砍掉自己的操作系统。

从1965年起，IBM在大型机市场上的成就一直是其成长的关键：从1965年到1985年，其年收入一直以14%的速度持续增长，毛利也以60%的速度在持续增长，市场份额则超过30%。即使到郭士纳接班时，这依然是IBM命脉所在。

在郭士纳的要求下，IBM的大型机被不停地快速降价。在其任职的7年中，一部IBM主机处理单元的价格从6.3万美元下调到不到2500美元，下降幅度高达96%。

但这居然是一个很管用的举措：IBM运送给客户的主机数量已经于1993年的时候下降了15%；但到1994年的时候，却上升了41%，1995年又上升了60%，1996年则上升了47%，1997年上升了29%，1998年上升了63%，1999年上升了6%，2000年上升了25%，到他退休的2001年，又上升了34%。

让此举动意味深远的是，它再度激活了IBM的生存本能。当年，也就是1969年，美国司法部对IBM的反托拉斯诉讼对IBM所造成的影响是极为深远的：长达13年的调查让IBM内部丧失了竞争活力，甚至连"市场""竞争对手""领导""击败"这样的词都从日常交流中被剔除了——蓝色巨人早已忘了怎么根据市场去行动了。

为了挽救企业，郭士纳一上台就开始了战略转型。他明白，IBM的衰落应归咎于IT产业的分工：在新的电脑产业模式的催生下，IBM的竞争对手从少数具有类似IBM整合能力的公司演变成数千个只销售单一的和一小部分电脑产品的中小型公司。IBM似乎什么都会做，却不知道提供怎样的产品才是别人做不到的。

不过，这种全业务能力如果能够根据市场需求提供服务，就能成为一个金矿，因为它是少数能为顾客提供综合解决方案的公司。

虽然，在蓝色巨人起死回生并恢复往日神采后，人们经常谈起郭士纳是如何指出"IBM所缺乏的只是战略"的，但是如果没有他果断放弃利润核心的断臂之举，IBM根本无法将转型策略执行下去。

世界上的行业千千万万，哪行做好了都能赚钱。作为一个成熟的企业，

创造利润

必须要学会选择与放弃。那些你不熟悉的行业，千万不要轻易进入，别人在赚钱，不要眼红心动，不要在主业还没有做强的情况下，盲目涉足其他行业。否则，今天的投资，就意味着明天的垮台！

放弃是对经营者勇气和胆识的考验，因为他们是人而不是神。选择放弃，他们就会受到方方面面的压力，因为在此之前，已经投入了不少人力、物力、财力，花费了不少心血，一旦抛却犹如割肉剜心，既会担心蒙受损失，又会害怕丢掉面子。然而，如果不坚决退却，就会全军覆没。因此，面对战略选择的诸多困境，选择放弃需要更大的勇气和胆识，需要非凡的毅力和智慧。

放弃快要干涸的利润池

创新思维的表现之一，就是你能迅速放弃快要干涸的利润池——盈利越来越困难的项目，发现并迅速挖掘新的利润池——创造新利润的项目和业务。

摩托罗拉公司放弃了制造，将制造中心托付给了新加坡和中国，于是它赢得了自己在研发和市场方面的战略制高点。同样，"买卖的松下"和"服务的IBM"放弃了"统一于技术"的战略导向，日立、索尼、本田、惠普等则放弃了"统一于市场"的战略努力，它们皆获得了巨大的回报和竞争优势。放弃不等于失败，而是一种基于战略的价值判断，是一种有进有退、以退为进、以攻为守、张弛有度的战略智慧，是一种伟大的创新。

还有一种情况，就是市场已经饱和，而且又没有发展前景的时候，就得考虑放弃你现在赚钱的行业，趁早另起炉灶，否则只有等死。比如手机普及之后，谁还在做寻呼机的生意？"飞鸟尽，良弓藏；狡兔死，走狗烹。"这话虽然残酷，但也说明了一个道理，就是没有市场价值的东西就应该"功成身退"。

　　中国的犹太人——温州商人的头脑非常灵活,能在准确地进行市场定位之后勇敢地放弃此前的经营项目。他们见到什么市场前景好,认准了就立即掉转投资方向。他们在服装、皮件、建材、陶瓷、灯具、印刷、电器甚至汽车、房地产等行业中换来换去。一个温州商人在他的投资生涯中可以涉足数个不同的领域。而且,对于温州商人而言,没有不敢投资的行业,没有不敢去投资的地方,只要能带来利益。这些都是放弃行将干涸的利润池,寻找充满利润的项目的杰出榜样。

　　碰到强敌时,章鱼舍弃了自己的内脏,于是保全了自己的性命;遇上天敌时,蜥蜴断弃了自己的尾巴,于是死里逃生。企业经营中的很多挫折与失利,往往缘于过于固执。一味固执只会导致更大的失利,果断地放弃不赚钱或者盈利少的项目才是正确的选择。

　　你紧握双手,里面什么也没有;你打开双手,世界就在你手中。当鱼和熊掌不能兼得的时候,选你最在意的那个东西,才是明智之举。

创造利润

第五章
同舟共济,共创利润

通过团队合作创造出来的利润,要远远大于个人单打独斗创造出来的利润。

把团队利益摆在至高无上地位的团队和个人大都获得了成功。在一个企业中,团队利益和个人利益是一致的,公司好了大家都好,公司垮了,个人也就只能失业,没了饭碗,更别谈赢得职业的成功了。

"我宁要一百个人的1%，不要自己的100%。"
——已故石油大亨 保罗·盖蒂

"当团队聚在一起发挥集体的力量后，每个人都会得到更多。"
—— 摩托罗拉前总裁 高尔文

1. 团队协作是最好的生存和发展之道

> 要养成创造利润的习惯，就必须学会融入到团队之中，借助团队的力量，和团队一起赢！

21世纪是一个团队至上的时代，单打独斗的时代早已远去。社会在合作中才有进步，人也只有学会合作，才能走向成功。在任何一个企业里，每位员工都必须学会和其他人合作，才能够创造出更多的利润，从而更容易受到企业的重用，更好地发展自己的前程。

曾经有人采访比尔·盖茨，向他求教成功的秘诀。比尔·盖茨是这样回答的："我成功，是因为有无数的成功人士在为我工作。"成功学家陈安之则这样揭示成功的秘诀："先为成功的人工作，再与成功的人合作，最后让成功的人为你工作。"这都说明了，要想自己成功，就必须先帮助别人成功；要想养成创造利润的习惯，就必须先帮助别人创造利润。因为，团队协作是最好的生存和发展之道，在团队里更容易学到成功之道和创造利润之法。

无数事实早已证明，合作可以产生一加一大于二的倍增效果。据统计，在诺贝尔奖的获奖项目中，因协作获奖的占2/3以上。所以说，没有完美的个人，只有完美的团队。创造利润也如此，**通过团队合作创造出来的利润，要远远大于个人单打独斗创造出来的利润。**

当今社会的结构方式，决定了孤军奋战的劣势。所以，无论你身处哪一个企业或者组织，都必须培养起你的合作意识与团队精神，才能帮助你创造更多的利润，提升更大的绩效，赢得更多的回报。事实上，如果你能够使别人乐意与你合作，不论是工作还是生活，你都会取得成功。怎么做呢？你自己首先要乐意与别人合作，愿意帮助别人！

奥地利著名的精神病学家阿德勒先生说过："我们的最大目标就是：在我们居住的地球上，和我们的同类合作，以延续我们的生命。假使每个人都能独立自主，都能以这种合作的方式来应付其生活，那么人类社会的进步必然是无止境的。"

在企业中，创造利润也如此。如果我们每位员工都愿意和其他同事合作，如果我们每个部门都愿意积极地和其他部门合作，那么我们就能不断地创造利润！

团队精神比精英意识更有价值

有人曾做过这样一个实验：把七八只黄蜂同时关进一个密封的小木箱里，几天以后打开木箱，发现木箱的四壁多出了七八个小洞，每个洞里各有一只死去的黄蜂，而这些小洞最浅的也已超过了木板厚度的一半……

有人发现过这样一个现象：因洪水撕开了江堤，平地成了汪洋泽国。一个黑球正顺着波浪漂过来，虽然一沉一浮，但这个黑球最终还是向着岸边漂来。原来这是一个比足球略小的蚁团，黑乎乎的蚂蚁密匝匝地抱在了一起。当蚁球靠岸后，蚂蚁便会一层层分开，从而战胜洪流，逃过一场劫难。

黄蜂和蚂蚁相比，可谓强大威猛，但为什么黄蜂会最终全军覆没，蚂蚁却能死里逃生呢？原因就是，在大难临头的时候，前者只会各自为政，一味地逞匹夫之勇，以个人的力量去与危险抗争，当然无法化险为夷；后者则正好相反，面对险境，它们会立即聚集在一起，抱成一团，形成一个蚁球，利用集体的力量和智慧，与惊涛骇浪搏斗，赢得重生。

　　对一个集体来说，团队精神要比精英意识更为重要，更有价值。在危难关头，往往最终帮助我们步出困境的不是那些各自为政的精英，而是一个坚强、勇敢、精诚合作的集体。在企业和组织中是这样，在创造利润过程中也是这样，团队精神要远比精英意识更有助于创造利润，更能持续地创造利润！

　　SGI人力资源总监曾说过："SGI公司生产世界上最先进的计算机，但世界上有一种仪器比计算机更精密，更具有创造力，那就是人的身体。团队精神就好比人身体的每个部位，一起合作去完成一个动作。对公司来讲，团队精神就是每个人各就各位，通力合作。我们公司的每一个奖励活动或者我们的业绩评估，都是把个人能力和团队精神作为两个最主要的评估标准。如果一个人的能力非常强，但他却不具备团队精神，那么我们宁可选择具有团队精神的。"

　　一个互相信任的团队、一个互相扶持的团队、一个互相依赖的团队，对于一家公司来说是关系兴衰存亡的关键因素。因为是否能够创造利润，是否能够持续地创造利润，团队起到了关键性的作用！

融入团队之中，才能成就自己

　　"一根筷子轻易被折断，十双筷子牢牢抱成团；一个巴掌拍不响，万人鼓掌声震天。"已故石油大亨保罗·盖蒂曾经说过："我宁要一百个人的1%，不要自己的100%。"为什么他会这样说呢？因为在经营企业的过程中，他对团队精神在创造企业利润上的巨大作用深有体会，他非常明白，一个人即使发挥出100%的力量，也无法抵得上100个人每个人发挥出1%的力量所创造出来的利润。

如果你是一滴水,那么,你只有融入到大海之中才不会干涸!

如果你是一棵树,那么,你只有在大森林里才能茁壮成长!

如果你是一只大雁,那么,你只有在雁群里才能飞抵目的地!

如果你是一名员工,那么,你只有把自己融入到企业的团队之中,才能成就你自己!

要想在职场中成就自己的人生,就必须让创造利润成为你的习惯。要养成创造利润的习惯,就必须学会融入到团队之中,借助团队的力量,和团队一起赢!千万不要孤立自己,切勿为了眼前的一丝小利而成为自私自利的人。

切记,你只有借助于团队,才能更容易创造利润和绩效,才能得到更好的发展,你才有更美好的前程。因此,从现在就开始培养自己的团队精神吧!

创造利润

2. 打造高绩效团队，是让利润倍增的捷径

> 在一个企业里，仅靠一两个骨干单打独斗地创造利润，显然不足以支撑整个公司业绩的维持和提升。只有打造出高绩效的团队，才能让利润产生倍增的效果！
>
> 在集体的努力下，团队创造出来的利润和绩效，比团队中所有成员单独创造出来的利润和绩效的叠加还要好。

什么才是企业的命脉呢？毫无疑问是利润。只有创造出利润，只有持续不断地创造出利润，企业才能基业常青。而要让企业利润持续创造和提升，要让每个人都能创造出较高绩效，最可行与最有效的办法就是打造一支众志成城的团队，并使团队里的每个人都具备高效的执行力。

芝加哥公牛队是NBA历史上最伟大的球队之一。但即使在公牛队的鼎盛时期，他们在NBA赛场上也并非所向披靡。正因为他们强大，所以才会有更多的对手去阻击他们，对抗他们。那时，NBA有很多篮球专家都在仔细地研究公牛队的战术特点，同时也制定了一系列对付它的办法。其中，办法之一就是让乔丹的得分超过40分。

这个办法乍听起来绝对滑稽可笑，但是明眼人却能明白个中缘由：乔丹发挥不好，公牛队当然赢不了球；乔丹正常发挥，公牛队的获胜概率也最高；如果乔丹在比赛中过于突出，公牛队的胜率不升反降。因为，乔丹得分太多，也就意味着公牛队其他队员的作用在降低。这启示了我们，公牛队的成功有赖于迈克尔·乔丹，但更有赖于乔丹与队友的协作。

企业创造利润也是同样的道理。在一个企业里，仅靠一两个骨干单打独斗地创造利润，显然不足以支撑整个公司的业绩。只有打造出高绩效的团队，才能让利润产生倍增的效果！

发扬"团队精神"，创造更大利润

一滴水是微不足道的，整个大海却是力大无穷的。一个人的力量是有限的，集体的力量却是巨大的。一个人创造的利润是有限的，整个公司团结协作创造出来的绩效则是无穷的！

由于个人的力量往往很难突破时空、环境的阻碍，于是，人们便聚集到了一起，从而形成了群体。当群体发挥团队的力量时，客观的各种障碍也就不成什么问题了。难怪摩托罗拉的创始人高尔文会这样说："当团队聚在一起发挥集体的力量后，每个人都会得到更多。"

这很容易让人联想到"团队精神"。很多人都知道，是法国人拉比让创造了"团队精神"这个词，然而真正使"团队精神"发扬光大的是日本人。日本在第二次世界大战后短短数十年即发展成了经济强国，正是靠着日本企业员工的团队精神。一个好的团队意味着好的协同合作性。也就是说，在集体的努力下，团队创造出来的利润和绩效，要比团队中所有成员单独创造出来的利润和绩效的叠加还要好。因为良好的团队有着非常明显的优势：全体工作人员都能认真工作，在这样的情况下，越能发挥"同舟共济"的合作性,也就越能进一步地提高生产效率,创造更大的利润。

同时,在一个团队里,融洽的气氛使得员工之间相互的交流沟通变得更加容易,而这种交流或者是不同思想之间的讨论都可能产生意想不到的创新。对于员工来说,在企业中,团队的工作也常常能使员工具备更丰富的经验,并进一步地提高自己。

一般人都了解,在一个团体中,如果成员们彼此都能团结合作,则更能提高士气。所谓团结合作,也就是相互之间能和睦相处,齐心协力,分工协作,共同为集体目标的实现而奋斗。倘若大家互不合作,各忙各的,一个个都天马行空,独来独往,"各人自扫门前雪,莫管他人瓦上霜"。整个企业就会像一盘散沙,没有团结合作的思想,创造利润提升绩效就无从谈起。

创造高利润高绩效的催化剂

日本索尼公司的开山始祖盛田昭夫说:"不管你个人多么优秀,多么成功,多么精明或是多么能干。你的企业及未来都系于你所聘雇的员工身上。说得更夸张些,企业未来的命运,实际上正握在公司最年轻的一群员工的手中。因此,让员工和你一起为团队的前程奋斗是最重要的。"

当深入研究一个团队如何成功时,我们会发现一些精神因素是所有创造高利润与高绩效的团队都具备的。不是说把一帮人聚在一起就能称为团队,团队是需要催化剂让人们发生化学反应,从而成为一个整体的。

催化剂一:激情飞扬的战斗精神

精神并非万能,但没有精神万万不能。精神的巨大作用是任何人都不能否认的。在现代商业竞争环境中,一个团队、一个企业存在的目的是什么?说远大一些,是服务社会;说实际一点,是战胜对手、赢得市场、赢得利润。即使是"服务社会"这个崇高的目标,也必须是以自己的生存为前提,如果连生存都不能保证,其他的一切都是空谈。商场就是战场,"商业竞争就是一场没有硝烟的战争,关于这一点,所有市场的参与者,无论其结局是失败还是成功,都无比认同。没有亲身参与其中,你永远也不会明白为什么"搏杀"这个词会频繁地出现在他们的口中。

自成立至今,华为集团一直处于凶猛无比的扩张中,总裁任正非非常喜欢把华为比作狼,媒体则把华为与跨国公司的竞争比作"土狼与狮子的战斗"。任正非曾说:"我永远不知道谁是优秀员工,就像我不知道在莽莽荒原上到底谁是领头狼一样。企业就是要发展一批狼。狼有三大特性:一是敏锐的嗅觉,二是不屈不挠、奋不顾身的战斗精神,三是群体奋斗的意识。企业要扩张,必须有这三要素。"在任正非多年的打造下,华为形成了独具特色的狼性企业文化,也正是这种狼性精神,让这个没有任何背景的民营企业迅速成长,持续地创造利润,不断地做出高绩效。

催化剂二:强大的团队凝聚力

古语云:"和实生物","和则一,一则多力,多力则强"。千百年来,"和"文化深深地影响着中国这个东方大国。团队要达到"和",就要协调各种利益,综合不同意见,化解复杂矛盾,凝聚各方力量。这其中最为关键的一点就是——凝聚力。

团队凝聚力是团队对其成员的吸引力和成员之间的相互吸引力,它包括"向心力"和"内部团结"两层含义。当这种吸引力达到一定程度,而且团队队员资格对成员个人和团队都具有一定价值时,我们就说这是个具有高凝聚力的团队。

高凝聚力团队具有以下特征:团队成员归属感强,愿意参加团队活动并承担团队工作中的相关责任,维护团队利益和荣誉;成员之间信息沟通快,互相了解比较深刻,关系和谐,并具有民主气氛。团队凝聚力是维持团队存在的必要条件,如果一个团队丧失凝聚力,像一盘散沙,这个团队就难以维持下去,或呈现出低效率状态。而凝聚力较强的团队,其成员工作热情高,做事认真,并有不断创新的行为,能不断地提升绩效,不断地创造利润。因此,团队凝聚力也是实现团队目标的重要条件。

催化剂三:集体主义精神

为了最终的胜利,为了团队的利益,必要的时候必须牺牲个人的利益。每一个高利润高绩效团队里的成员都要牢牢遵守这个规则,虽然它有时会令人痛苦。艾普利亚就曾说过:"人就个人而言终有一死,就整体而言则是不朽的。"

把团队利益摆在至高无上地位的团队和个人大都获得了成功。在一个企业中,团队利益和个人利益是一致的,公司好了大家都好,公司垮了,个人也就只能失业,没了饭碗,更别谈赢得职业的成功了。列夫·托尔斯泰说:"一切利己的生活,都是非理性的、动物的生活。"从来没有一个自私自利的人会获得最终的胜利。你一时牺牲了团队利益,保护了个人利益,可是这是用自己的前途和以后丰厚的利益回报作为代价的。其实,在同一个团队里为个人利益而斤斤计较是极不明智的做法,结果往往是两败俱伤。最好的办法是选取一条互利之道,团结为本,回避矛盾,这样不仅显示了自己宽容的胸怀,更体现出了自己以公司的整体利益为重的集体主义精神。

催化剂四:乐观主义精神

越是遭遇难关,乐观主义就显得越重要。面对困难,乐观主义精神能让人多一些镇定和从容,能有精神动力坚持到"春天"的到来。

牛顿提出万有引力定律的时候,全世界的人都反对他;达尔文宣布进化论的时候,全世界的人都质疑他;贝尔发明电话的时候,全世界的人都讥讽他;莱特兄弟制造飞机的时候,所有人都说他们疯了。你所做的工作越伟大,所受的嘲笑和讥讽就越多,所受的反抗也越厉害,但对于乐观主义者来说,这一切都不是问题。真正乐观的人,是用积极的精神在困境中奋斗的人,是以意志战胜焦虑和逆境的人。

在一个团队中,能够坚持自我成长、不断为团队发展而努力的人,必须具备这样的乐观主义精神。因为不断地创造利润和绩效，必然会遇到许许多多的困难，只有拥有乐观主义精神，才能战胜一个又一个困难，渡过一个又一个难关。

创造利润

3. 高度的责任心是创造利润的保障

> 在其位,谋其职;行其权,负其责。如果我们是公司中的一员,我们就要始终以对公司和对自己高度负责的精神做好工作,这样才能完成工作任务,确保公司的利润。
>
> 利润来自于责任,如果你没有能力承担责任,或者你不愿意承担责任,你就不可能有赚钱的机会。

利润是什么?利润就是与你所承担的责任相对应的收入。想当上美国总统,有这样一个守则:要想成为美国的总统,从18岁开始就应该像总统一样。因为若要成为美国总统,从18岁开始就应该承担起责任了。

责任感是做人的基本品德之一,是做好工作的前提。在其位,谋其职;行其权,负其责。如果我们是公司中的一员,我们就要始终以对公司和对自己高度负责的精神做好工作,这样才能完成工作任务,确保公司的利润。即使整个工作体系中只有一环出现了纰漏,也会造成重大的损失。只有负得起责任的肩膀,才能扛得动利润。

乔治到一家钢铁公司工作还不到一个月,就发现很多炼铁的矿石并没有得到完全充分的冶炼,一些矿石中还残留着没有被冶炼好的铁。"如果这样下去的话，公司岂不是会受到很大的损失？"他想。于是，他找到了负责这项工作的工人，跟他说明了问题。但这位工人说："如果技术有了问题，工程师一定会跟我说的，但到现在为止还没有哪一位工程师向我提出这个问题，说明现在没有问题。"乔治只好又找到了负责技术的工程师，对工程师说明了他看到的情况。工程师很自信地说："我们的技术是世界一流的，怎么可能会有这样的问题。"所以，工程师并没有把乔治说的看成是一个很大的问题，还暗自认为，一个刚刚毕业的大学生，能明白多少呢，不会是因为想博得别人的好感而表现自己吧？

但是乔治认为这是一个很大的问题，于是他拿着没有冶炼好的矿石找到了公司负责技术的总工程师，说："先生，我认为这是一块没有冶炼好的矿石，您认为呢？"

总工程师看了一眼，说："没错，年轻人，你说得对。哪来的矿石？"

乔治说："是我们公司的。"

"怎么会！我们公司的技术是一流的，怎么可能会有这样的问题？"总工程师很诧异。

"工程师也是这么说的，但事实并非如此。"乔治坚持道。

"看来是出问题了，怎么没有人向我反馈呢？"总工程师有些火了。

总工程师召集负责技术的工程师来到车间，果然发现了一些冶炼得并不充分的矿石。公司检查发现，原来是检测机器的某个零件出现了问题，才导致了矿石冶炼得不充分。

公司的总经理知道了这件事后，不但奖励了乔治，还晋升他为负责技术监督的工程师。对于此事，总经理感慨地说："我们公司并不缺少工程师，但缺少敬业到位的工程师，这么多工程师就没有一个人发现问题，当有人提出了问题时，他们还不以为然。对于一个企业来讲，人才是重要的，但更重要的是有责任心的人才。"

员工不能只把责任放在嘴上，而要把责任时时放在心上。有了责任心，

创造利润

才能不断地发现并纠正工作中出现的偏差，尽可能多地创造利润。

培养责任感，拥有责任心

没有任何借口，没有任何抱怨，任何时候都不放弃自己的职责，职责就是一切行动的准则，这样的人理应受到尊重和敬佩。世界上任何事情都是这样：要想得到一些好处，你就必须承担相应的责任；如果不想承担相应的责任，就无法得到相应的发展。

在任何一个企业里，责任感都是员工生存的根基。缺乏责任感的员工，不会视企业的利益为自己的利益，也不会因为自己的所作所为影响到企业的利益而感到不安，更不会处处为企业着想。

负责，不仅意味着敢于承担个人的责任，而且意味着在出现错误时，勇敢承担错误带来的后果。犯错就是犯错，不要用"我以为，我认为……"来为自己辩解，而要说"我错了"。有责任心的人一定会认真工作；有责任心的人一定会听从安排、肯于协作；有责任心的人做每一件事都会坚持到底，说到做到，而不会中途放弃；有责任心的人一定会按时、按质、按量完成任务，解决问题，能主动处理好分内与分外相关工作，有人监督与无人监督都能主动承担责任，而不推卸责任。当企业拥有大量责任心强的员工，利润才有了保障。

工作为什么做不到位？究其根本原因还在于员工在工作时缺乏最起码的责任心。员工缺乏责任心，就会在工作中漫不经心，无法及时发现工作中出现的每一处纰漏和错误，从而最终导致工作上出现各种问题，甚至发生事故。

现在勇于承担责任的人已经越来越少了，很多人都学会了互相推诿和转嫁责任，并美其名曰：转让风险。当你进入公司的时候，会有一些前辈对你说:"凡事不要揽责任,那样你才会在公司里不犯错误。"话是不错,这样可以避免引火烧身,但是这样你就会在老板眼中成为一个缩头缩脑、凡事都不敢负责任的人。这样的员工,无论走到哪里都不受欢迎。

推卸责任是极不负责的表现。自己的事情出了问题,首先要从自己身上好好检讨一下,看自己是否做得足够好,是否做得没有一点失误,如果只是一味地找借口,把错误归结于别人或者客观因素上面,就很容易养成一种消极逃避的习惯,进而不敢对自己的行为负责,不敢对自己的人生负责。

经济学家张维迎说过:"做大一个企业的过程就是一个叠罗汉的过程。如果你想站在最上面,你就要想一想,你能否站得稳,能够站多久。如果最下层的功夫不好,他一颤抖,你就有可能要掉下来了。越是下层越要力气大,因为你的肩膀上站着很多人;越到上面,你的平衡能力越要强。"也就是说,一个企业想要壮大,就必须各司其职,而且位置越高的人责任也越重。企业要创造利润,就必须负责任;员工要发展,也必须拥有高度的责任感。

承担责任,才能赢得机会

利润来自于责任,如果你没有能力承担责任,或者你不愿意承担责任,你就不可能有赚钱的机会。

如今,从市值上看,苹果公司已经成为超级企业。一直以来,大家都只知道乔布斯是苹果公司的创办人,其实在41年前,他是与两位朋友一起创业的,其中一个名叫惠恩的搭档,被美国人称为"最没眼光的合伙人"。

惠恩和乔布斯是街坊,从小都爱玩电脑。后来,两人与另一个朋友合作,制造微型电脑出售。这是又赚钱又好玩的生意,所以三个人十分投入,并且成功地制造出了"苹果一号"电脑。在筹备过程中,他们用了很多钱。

创造利润

这三位青年来自于中下阶层家庭，根本没有什么资本可言，于是大家四处借贷，请求朋友帮忙。三个人中，惠恩最拮据，只筹到了相当于三个人总筹款的1/10的资本。不过，乔布斯并没有怨言，仍成立了苹果电脑公司，惠恩也成为了小股东，拥有了苹果电脑公司1/10的股份。

"苹果一号"以660美元出售，原本以为只能卖出10~20台，岂料大受市场欢迎，总共售出了150台，收入近10万美元，扣除成本及欠债，他们赚了4.8万美元。在分利时，虽然惠恩只分得了4800美元，但当时这已是一笔丰厚的回报。不过，惠恩没有收取这笔红利，只是象征性地拿了500美元作为工资，甚至连那1/10的股份也不要了，便急匆匆地退出了苹果电脑公司。

当然，很少有人想到苹果电脑公司后来会发展成为超级企业。否则，惠恩其实当年什么也不用做，继续持有那1/10的股权，现在也应该有200多亿美元的身家。事实上，乔布斯的另一位搭档就是凭股份成为亿万富翁的。

那么惠恩当年为什么会愿意放弃这一切呢？原来他很担心乔布斯，因为对方太有野心了。后来他向传媒说："为什么我要马上离开苹果电脑公司，只要回500美元就算了呢？因为我怕乔布斯太过急进，日后可能会令公司负上巨额债务，那时我也要替公司承担1/10的责任！"正是这一念间，惠恩终生与巨额财富绝缘。他在放弃自己应该担负的责任的同时，也就只能与巨大的成功擦肩而过了。

高度的责任感是我们应该具备的基本品德，是我们学会做人的基点。在职场中，有责任感的人总是最被老板欣赏和尊敬的。试着这样去做，你的老板一定能感受到你强烈的责任感。

（1）拥有主人翁的精神，把自己当作公司的一分子，而不是把公司只当成是自己谋生的场所；

（2）对自己的失误不找借口，更不推卸责任，而勇于承认错误，然后设法尽快弥补过失；

（3）对工作负责到底。如果不能完成，至少要说"我做不到"；

（4）当难题出现时，要挺身而出，承担起责任，为老板解忧，即使没有做好，老板也会欣赏你的责任心的；

（5）社会在发展，公司在成长，个人的职责范围也会随之扩大。不要总是以"这不是我分内的工作"为由来逃避责任。当额外的工作指派给你时，不妨视之为一种机遇。

创造利润

4. 敬业是节约成本的上佳途径

> 敬业是员工的一大美德,也是聪明的职场生存之道,敬业还能唤起员工内心的力量,养成创造利润的习惯,不断追求更高绩效,从优秀走向卓越。
>
> 敬业就是信守责任,没有责任感的员工不是好员工。敬业负责的员工能大大提升公司的业绩和利润,减少不必要的开支,从而降低成本。

要使团队能够持续地创造绩效,不断地创造利润,就要求这个团队里的成员都拥有高度的责任心、良好的敬业精神和与团队同舟共济的忠诚。在上一节我们已经谈过了高度责任心对创造利润和绩效的重要性,在本节我们将探讨一下敬业精神对创造利润的重要性,而在后面,我们还会谈到忠诚。

敬业是员工的一大美德,也是聪明的职场生存之道,敬业还能唤起员工内心的力量,养成创造利润的习惯,不断追求更高绩效,从优秀走向卓越。敬业从表面上看有益于公司,但最终的受益者却是员工自己。最近一份对企业用人需求的调查结果表明:工作态度及敬业精神是企业选择人才时最优先考虑的条件。对工作负责任、敬业以及对企业忠诚的员工是企业最欢迎的人。

搜狐网的CEO张朝阳说："我们聘人的标准是敬业精神，当然，辞退的原因也是基于是否敬业。我认为，一个人的工作是他生存的基本权利，有没有权利在这个世界上生存，要看他能不能认真地对待工作。能力不是主要的，能力差一点，只要有敬业精神，能力会提高的。如果一个人本职工作做不好，那么做其他事情都没有可信度。如果能认真做好一个工作，往往还有更好的、更大的工作等着你去做。这就是良性发展。"

敬业是一名员工的必备品质。其实，对于一名员工来说，敬业也是一种节约，并且是节约的上佳途径。而在前面的第二章，我们已经详细说过，节约是最容易创造利润的方式。

敬业让你更容易脱颖而出

对于节约来说，首要的任务是自动自发，拒绝拖延。当员工做到这一点时，那么他不仅可以为公司节约时间、节约物质，还能为公司创造利润。

史蒂文是伦敦一家公司的一名普通职员，外号叫"奔跑的鹿"。因为他总像一只灵巧的鹿一样在办公室里跑来跑去。即使是职位比史蒂文还低的人，都可以支使史蒂文去办事。

后来史蒂文被调入了销售部。有一次，公司下达了一项任务：必须完成本年度500万美元的销售额。销售部经理认为这个目标是不可能实现的，所以私下里他开始怨天尤人，并认为老板对他太苛刻。接下来的日子里，全销售部只有史蒂文一个人在拼命工作，在离年终还有一个月的时候，史蒂文已经全部实现了他自己的销售额。但其他人没有一个有史蒂文做得好，他们中最好的一位也只是完成了目标的50%。

于是，经理主动提出了辞职，而史蒂文则被任命为新的销售部经理。史蒂文在上任后依然忘我地工作。他的行为感动了销售部的其他人，在年底的最后一个月，他们竟然全部都完成了目标。

不久，该公司被另一家公司收购。当新公司的董事长第一天来上班时，他亲自点名任命史蒂文为这家公司的总经理。因为在双方商谈收购的过程中，这位董事长多次光临公司。这位"奔跑"的史蒂文先生给他留下了深刻的印象。

如果史蒂文没有敬业精神，也和其他员工有着相同的想法，那么他肯定不会为公司盈利，也就不会获得升职。敬业就是信守责任，没有责任感的员工不是好员工。敬业负责的员工能大大提升公司的业绩和利润，减少不必要的开支，从而降低成本。

敬业才是承担责任，敬业更能创造利润

不敬业和缺乏责任心的行为不但会浪费公司的资源，使自己成为公司的负担，甚至还可能为企业带来很多麻烦，甚至灾难。

一个小小的行为会影响整个企业。作为个人，从他敬业的态度上就可以看出来他是不是可以为这个企业创造价值。有了敬业的态度，才能在工作中积极主动，奋力进取，高度负责，把工作做得尽善尽美。从经济学的角度看，敬业就是为企业节约成本，减少开支，创造利润，所以说敬业是节约的上佳途径。任何一位有责任感的员工，都应该培养自己的敬业意识，为企业厉行节约，创造利润。

2005年度"感动中国十大人物"中的王顺友，是木里藏族自治县邮政局的一个普通的苗族邮递员，是一个30来年中每年都有330天以上独自行走在马班邮路上的邮递员，是一个在高山峡谷间跋涉了几十万千米、相当于走了几十回两万五千里长征的平凡的人。然而，在异常艰苦的条件下，他却依然牢

记着自己的使命与职责，30来年如一日，坚定地履行着一个邮政工作者的职责，从来没有延误过一个班期，从来没有丢失过一份邮件，投递准确率达到了100%。

王顺友没有豪言壮语，没有惊天动地的壮举，有的只是一桩桩、一件件极其普通、极其平常但对大山里的群众却极为重要的小事，但正是这些小事，体现了他尽职尽责的敬业精神。

其实，世界上所有财富都是劳动者用自己的心血和汗水创造出来的。离开了持之以恒的劳动，失去了敬业精神的支撑，不但成就不了什么，恐怕连维持职场的生存都会成问题。

作为一名员工，把工作当成自己的事业，你就会敬业！敬业表面上看有益于公司和老板，但最终的受益者却是员工自己。当我们培养起了敬业精神后，我们就更容易让创造利润成为我们的习惯，从而创造出更高的绩效，打造出更加辉煌的人生。

创造利润

5. 忠诚，创造利润最大的内在动力

> 忠诚让工作变得更有意义，忠诚赋予我们工作的激情，忠诚是提升绩效创造最大利润的内在动力。不忠诚的人感觉工作是苦役；忠诚的人感觉工作是享受。不忠诚的人认为为企业创造利润是老板和股东的事，跟自己无关；忠诚的人明白创造利润才有利于企业的发展，从而有利于自己的发展。

　　世界上并不缺乏有能力的人，但只有那种既有能力又忠诚的人，才是每一个企业梦寐以求的人。那些忠诚于老板、忠诚于企业的员工，都是努力工作、没有任何借口的员工。他们的忠诚会让他们达到我们想象不到的高度。

　　忠诚让工作变得更有意义，忠诚赋予我们工作的激情，忠诚是提升绩效创造最大利润的内在动力。不忠诚的人感觉工作是苦役；忠诚的人感觉工作是享受。不忠诚的人认为为企业创造利润是老板和股东的事，跟自己无关；忠诚的人明白创造利润才有利于企业的发展，从而有利于自己的发展。无论你身处什么企业，它都不会首先给你什么，只有你给了企业绝对的忠诚，只有你在高度责任感、良好的敬业精神和绝对忠诚的驱使下，不断地创造利润和绩效，企业才会不断地回报给你应得的报酬和荣誉。

忠诚于工作的回报往往有以下几种：

（1）让你的才华有一个施展的天地，忠诚的人从来不会感到怀才不遇；

（2）获取公司、老板、上司、同事对你的忠诚；

（3）让你有一个稳定的工作，而不至于像不忠诚的人那样总是漂泊；

（4）让你面临更多的机会，让你受到领导更多的重视，从而赢得晋升。因为领导总是乐意把机会留给忠诚的人，更愿意重点培养忠诚的下属；

（5）获得更多的物质回报；

（6）让你的能力、品性随着单位的发展而成长，让你的名字更具含金量，让你的个人品牌更具价值，让你在人才市场上更具竞争力。

忠诚让你的名字更具含金量

忠诚，表面上看起来是有益于公司，有益于老板的，但最终的受益者却是自己。因为一种对事业高度的责任感和忠诚感一旦养成之后，会让你成为一个值得信赖的人，一个可以被委以重任的人，而这种人永远不会失业。

忠诚不是一种纯粹的付出，忠诚会有忠诚的回报。企业不仅仅是老板的，同时也属于员工。忠诚的确是老板的需要，企业的需要，但更是你自己的需要，你得依靠忠诚立足于社会，你自己才是忠诚的受益人，忠诚的人会比不忠诚的人获得的更多。**虽然你通过忠诚工作创造的大部分价值并不属于你个人，但你通过忠诚工作造就的忠诚品质，却完完全全属于你自己，你因此在人才市场上更具竞争力，你的名字因此更具含金量。**

创造利润

忠诚的最大受益人是员工自己

近年来，忠诚受到了前所未有的推崇。但也有很多人以为忠诚的受益人只是老板，员工不可能受益。

忠诚只是老板的需要吗？的确，老板希望员工越忠诚越好。

但是，企业仅仅是老板的吗？你在企业里获得一份工作，这份工作让你获得收入、维持生计和养家糊口，企业所赚的钱中，有一部分是属于你的收入。企业给了你一个舞台，这个舞台也许不尽如人意，但它可以让你展示你的才华，让你有机会来证明你的能力。如果这个企业纯粹是老板的，老板凭什么让你来表演呢？企业如果发展了，取得了良好的声誉，你不会感到自豪吗？你的自豪是来自"老板的企业"，还是来自你与老板共有的企业呢？

你能够安稳地生活，是因为有一个安稳的工作；你能够享受快乐的人生，是因为工作给你带来了稳定的收入。你能够通过工作来证明自己，是因为你有工作；你能够拥有创造利润的能力，是因为企业为你提供了创造利润的资源，给你提供了锻炼的机会和平台。事实上，你才是忠诚最大的受益人。

忠诚是老板的需要，是公司的需要，是上司的需要，但更是你自己的需要，你得靠忠诚立身于社会，在激烈的竞争中取得一席之地。忠诚的人对工作会精益求精，忠诚的人会主动地使自己养成创造利润的习惯，会努力使自己的绩效不断地提升。因此，忠诚的人获取更高的薪水，忠诚的人获取更多的晋升机会，忠诚的人不必为找工作发愁……

忠诚创造的价值中的大部分，可能并不属于你，但忠诚为你自己创造的好名声、好形象却完完全全属于你一个人。忠诚就像你学的知识那样，是你的"私有财产"，谁也抢不走，谁也偷不走。

第五章
同舟共济，共创利润

在现实世界里,到处看到的都是有才华的穷人。有些受过良好教育、才华横溢的年轻人,在公司里长期得不到提升,主要是因为他们不愿意自我反省,养成了一种嘲弄、吹毛求疵、抱怨和批评的恶习。他们根本无法独立自发地做任何事,只有在一种被迫和监督的情况下才能工作。因为他们太浮躁,太急功近利,不能沉下心来踏实工作,更不用说做到忠诚和敬业——他们总以为自己是为公司、为老板在工作。

忠诚于企业吧,这样你才会拥有创造利润的内在动力,才会更大地实现自己的价值,才会更多地赢得你所期望的回报。

创造利润

6. 尽量不跳槽，努力创绩效

> 员工应该对自己有一个正确的定位，不应盲目地高估自己，而应该在任何公司都努力工作，靠业绩赢得尊重和赏识，靠创造利润获取应得的报酬，实现个人价值。

在很多团队中，都会有一些喜欢抱怨的人。例如，总会有这样一些员工，在工作了一段时间后，便开始了这样的抱怨：

——唉，我在这家公司前途渺茫，也许永远都不能实现自己的梦想，看来是没有什么发展空间了。

——老板的抠门儿让人难以忍受。工资才那么点儿，还要没日没夜无任何补助地加班，真受不了。

——我发现我在这里学不到什么东西，在这里我的能力简直没有一点儿长进，没有一点儿成就感，也许再这样继续下去没有任何意义。

——这个公司的管理简直一团糟，老板任人唯亲，我学的东西根本就不能实际应用。

——公司离家太远了。

——工作不稳定。

……

每个年轻人在进入职场后，往往都会被一个问题所困扰，那就是跳槽。有一份调查显示，25.9%的员工表示会马上跳槽，52.3%的人则处于观望状态。看起来，跳槽已经是一种很普遍的社会现象。

跳槽得当的话，你就会如鱼得水，能够在好的平台上迅速地发挥自己的才干；跳槽不当的话，就会陷入更加不利的局面。

有一个叫马努杰的推销员，在47年的职业生涯中，他曾经为207家公司工作过。这是一组相当恐怖的数字：平均一年换5次工作，每两个月就辞职或者被辞退一次。相应地，他的个人发展情况也是每况愈下，最后成为人们的笑柄。

这种现象，后来被职场研究专家称为"马努杰的死亡回旋梯"。走上"马努杰的死亡回旋梯"的人，容易陷入茫然的没有目标的困境，会不停地尝试寻找新的工作，最终一事无成。

所以，你在跳槽之前一定要慎重考虑。如今，大多数人对跳槽早就没有了心理障碍，他们认为跳槽是追求个人发展的一个不错的途径。但是，职业咨询公司曾做过的一份调查却给热衷于跳槽的人和准备跳槽的人敲响了警钟：大约有60%的跳槽者在跳槽以后产生了挫败感，认为自己的跳槽是失败的，另外还有12%的跳槽者在新公司未能通过试用期。这些都让我们不得不正视跳槽带来的风险。

因此，专家建议员工应该对自己有一个正确的定位，不应盲目地高估自己，而应该在任何公司都努力工作，靠业绩赢得尊重和赏识，靠创造利润获取应得的报酬，实现个人价值。

与其频繁跳槽，不如先把能力迅速提升起来

迈克尔在一家贸易公司工作了一年，由于不满意自己的工作，他愤愤地对朋友说:"我在公司里的工资是最低的,老板也不把我放在眼里,如果再这样下去,总有一天我要跟他拍桌子,然后辞职不干。"

"你把那家贸易公司的业务都弄清楚了吗?做国际贸易的窍门你完全弄懂了吗?"朋友问道。

迈克尔想了想,回答:"还没有!"

"我建议你先静下心来,认认真真地工作,把他们的一切贸易技巧、商业法律和公司组织等等都弄懂了之后,再一走了之,这样做岂不是既出了气,又有许多收获吗?"

迈克尔听从了朋友的建议,一改往日的散漫习惯,开始认认真真地工作起来,甚至下班之后,还常常留在办公室里学习贸易方面的相关法律。一年之后,那位朋友偶遇迈克尔。

"现在你大概都学会了,可以准备拍桌子不干了吧?"

迈克尔高兴地回答:"多亏了你的一席话啊。我发现这半年来,老板对我刮目相看了,最近更是对我委以重任,又是升职又是加薪。说实话,不仅仅是老板,公司里的其他人都开始敬重我了!"

所以,盲目和频繁地跳槽并不是明智的选择。在跳槽之前一定要考虑清楚是否会带来事业上的提升,因为事业的提升必将带动薪酬的上升。如果跳槽带来的仅是薪酬的上升,事业上反而是下降的话,那么年轻人应当尽量避免这种"短视"的行为。

选择值得忠诚的公司,永远忠诚

人生离不开工作。工作不仅能赚到养家糊口的薪水,同时工作中的困难还能锻炼我们的意志。新的任务能拓展我们的才能,与同事的合作能培养我们的人格,与客户的交流能训练我们的品性。从某种意义上来说,工作真正为的是自己。所以,只有抱着"为自己工作"的心态埋头工作,才能保持良好的心态,才能把工作做好,创造出喜人的业绩,创造出可观的利润,最终获得丰厚的物质报酬,赢得社会的尊重,实现自己的价值。

所有老板骨子里都不喜欢频繁跳槽的人,不管你是出于什么原因跳槽,老板都会认为是你缺乏忠诚意识。忠诚是神圣的,并不是一种可以随便付出的情感。如果你不打算忠诚于一家企业,就不要随便选择它,如果你忠诚于一家企业,就不要轻易离开它。

我们主张"永远忠诚"的前提是忠诚的对象是值得你去忠诚的,永远忠诚并不否定跳槽,并不是要求你死守一个地方,在一棵树上吊死。如果你从一家不值得忠诚的企业跳到一家值得忠诚的企业,并在新企业里兑现你"永远忠诚"的工作诺言,你依然是优秀的。

不轻易跳槽,这点很重要。每月的工资也许仅够生存,但工作本身所能带给你的附加值,比工资要多得多。你在现有的工作中积累的经验、对该行业的了解……这些都不是金钱可以衡量的。所以,任何一个频繁跳槽的人不妨琢磨琢磨这句话:忠诚于你的公司,忠诚于你的老板,多一点耐心,不到万不得已不要跳槽。

创造利润

7. 与公司同舟共济，共同成长

> 只有为公司创造利润，才可能赢得自己的成功；只有与公司同患难，才可能与公司同成长。最令人陶醉的成就，是与公司同舟共济、历经艰难取得的成就。
>
> 如果你要成功，如果你渴望实现个人的价值，请不要忘记——与公司一起成长，同舟共济！

让创造利润成为习惯，不但需要创造利润、提升绩效的才干，还需要负责、敬业和忠诚的态度，更需要与公司同呼吸，共命运，一起战胜困难，一起成长，才能一起成功。

当你选择一个公司并成为它的员工的时候，就意味着你踏上了一艘船，从此这艘船的命运就和你的命运牢牢地联系在一起。公司是船，你就是水手。让船乘风破浪，安全前行，是你不可推卸的责任。遇到了风雨、礁石、海浪等种种风险，你不能选择逃避，应该努力使这艘船安全靠岸。

对每个员工来说，与公司共命运永远都是你的神圣职责。如果你对工作不负责任，这艘船也许就会因为你的失职而沉入大海，所有人都将因为你而葬身鱼腹。因此，任何时候你都应该和船上的每个人同舟共济；无论遇到什么情况，你都应该负起责任来，与公司共命运，全心全意做好你的工作。

百度公司刚刚上市后，让整个百度公司成了"富人区"！在公司的750名员工里，有8位亿万富翁，50位千万富翁，300位百万富翁，就连前台的工作人员都成了百万富翁。还有不少员工持有公司股票，但收益不到百万元。

看来，如果你能负责、敬业和忠诚，与公司一起成长，与公司共进退，那么你得到的回报必定无比丰厚。

什么样的人到哪个公司都会受到欢迎？

什么样的人到哪个公司都会受到欢迎？相信看完了这个故事，你就有了答案。

在纽约，有一名叫汤姆斯的年轻人，在一家有名的广告公司工作。这家公司的总裁叫比尔·杰弗里，管理精明，为人亲和。汤姆斯的工作就是拉广告业务。汤姆斯进入公司后，工作得得心应手。谈判过程中，汤姆斯的谈吐令许多客户所钦佩。这时，公司承担了一个大项目的策划——在城市的各条街道开展广告攻势。这给公司带来的经济利益和社会效益是十分可观的。全体员工干劲十足，全身心地投入到工作中去。

总裁杰弗里在发工资那天召集全体员工开会："公司承担的这个项目很大，光准备工作就耗资几百万美元，公司资金暂时紧张。所以，本月工资就等到下月一起发放，请你们谅解一下公司。工资早晚都是你们的，只要我们把项目搞好，大家一起来共享利润。"所有员工都对总裁的话表示赞同。

可是，半年以后风云突变。经过公司员工辛苦奔波，全套审批手续批下来的时候，公司却因资金缺乏，完全陷入停滞状态。别说给员工发工资，就连日常的费用也只能向银行伸出求援之手。公司景象惨淡，欠款数目巨大，银行也不给予他们答复。

创造利润

当总裁杰弗里召集全体员工陈述公司的现状时，一下子人心涣散，不少人提出辞职，没走的也无心工作。然而，汤姆斯并没有放弃，他觉得，沙漠里的人也能生存。不到一个星期，公司只剩下屈指可数的几个人时，有人用高薪聘请他，但他只说："公司前景好的时候，给了我许多，现在公司有困难，我得和公司共渡难关，只要总裁杰弗里没有宣布公司倒闭，总裁留在这里，我就始终不会离开公司，哪怕只剩下我一个人。"

不久，公司只剩下他一个员工了。总裁歉疚地问他为什么要留下来，汤姆斯微笑着说了一句话："既然大家上了船，船遇到惊涛骇浪时，就应该同舟共济。"

街道广告属于城市规划的重点项目，他们停顿下来以后，在政府的催促下，公司将这来之不易的项目转给另一家大公司。但是在签订合同的时候，总裁杰弗里提出了一个不可说不的条件：汤姆斯必须在新的公司里出任项目开发部经理。总裁杰弗里握着汤姆斯的手向那家公司的总裁推荐："这是一个难得的人才，只要他上了你的船，就一定会和你风雨同舟。一个公司需要许多精英人才，但更需要与公司共命运的人才。"

加盟新公司后，汤姆斯出任了项目开发部经理。原公司拖欠的工资，新公司补发给了他。新公司的总裁握着他的手微笑着说："这个世界，能与公司共命运的人才非常难得。或许以后我的公司也会遇到种种困难，我希望有人能与我同舟共济。"

汤姆斯在后来的几十年时间里一直没有离开过这家公司，在他的努力下，公司得到了更为快速的发展，最终他成为这家公司的副总裁。

这个年轻人最突出的并不是他卓越的能力，而是他自始至终都与公司同舟共济的精神。这个世界并不缺少卓尔不群的人，而是缺少能与公司共命运的人。无数的企业都在努力寻找这样的人，然而在很多职员的眼里，似乎从来没有把公司发展当成己任，而是想方设法去谋取更高的薪水。一旦公司出现什么危机，这些人心里永远只有自己的利益，他们会以最快的速度跳下这艘漏水的船，而不会想着如何去抢救和保护它。这样的人也许能够谋取一份可以生存的工作，但永远也难以在一生中取得任何成就。

企业和员工是一个共生体

微软、IBM、沃尔玛这些企业能够成长为世界一流的企业，是因为始终有一批世界一流的员工在和这些企业一起奋斗，与这些企业共命运。只有为公司创造利润，才可能赢得自己的成功；只有与公司同患难，才可能与公司同成长。最令人陶醉的成就，是与公司同舟共济、历经艰难取得的成就。

企业和员工是一个共生体，企业的成长，要依靠员工的成长来实现；员工的成长又要依靠企业这个平台。正所谓"企业兴，员工兴；企业衰，员工衰"。当企业衰落时，一个部门经理可能只能拿到10万；当企业兴盛时，同样一个部门经理可能就值100万了！

如果把员工比喻为一粒种子，那么公司则是培育这粒种子的厚土。不论是为了个体的生存，还是为了实现人生的最高理想与价值，生命的成熟与成长都必须在工作中得以完成。反之，公司是船，员工是水，没有员工的努力与支持，公司的发展与辉煌无非是场黄粱梦。所以，公司与员工实现的是双赢。

对今天的员工们来说，最重要的一条忠告是：如果你永远默默地忠诚于你的公司，即便你没能获得暂时的高薪，但你的付出也一定会得到更大的回报。因为这个世界永远会给予那些与公司共命运的人以最大的褒奖！如果你要成功，如果你渴望实现个人的价值，请不要忘记——与公司一起成长，同舟共济！

创造利润

第六章

不断增强获利能力，做产能最高的人

上天永远是公平的，你的积极工作最终会给你带来丰厚的成果。不要因为自己的短视而不愿意去奉献自己的激情，不去积极主动地工作，只是在日复一日年复一年的日子里打发着时间，领着有限的工资。当你学会自动自发地工作和不断地提升自己创造利润的能力后，你会发现一切都变得那么简单和美好。

> "不管你在哪里工作,都别把自己当成员工——应该把公司看作自己开的一样。"
>
> ——英特尔公司前总裁 安迪·葛洛夫

1. 不断提升创造利润的能力

> 从某种意义上说，工作是一种交换。企业付你工资或薪酬，你以自己的能力和劳动为其提供相应的结果！能力越强，得到的结果越好，你的薪酬和地位也就越高。能力有提升，薪水才会涨。能力提升得越快，创造的利润越多，薪水涨得就越快。

在职场中，经常会有这样的抱怨：

"老板真抠门儿，才给我发这么一点工资。"

"公司给我的钱太少啦，我才不愿意多干呢。"

"老板怎么只给我这点薪水？如果他能多给我一些，我一定会努力工作的。"

"为什么公司给某某涨了那么多钱，我的工资还在原地踏步？"

"凭什么谁谁谁能领那么多薪水和奖金，我却只有这么少。我比他早进公司好几年呢！没有功劳也有苦劳啊！"

……

这些抱怨看起来似乎很值得同情，但我们稍加分析就会发现，这些人涨不了工资，根本原因不在公司和老板身上，而在于他们自己。事实上，老板是否愿意给一名职员加薪，取决于该名员工的能力是否有所提升，对公司利润的增加是否做出了相应的贡献。

其实，很多抱怨薪水一直在原地踏步的员工，就像一个懒汉站在被自己撂荒了的庄稼地旁边，喋喋不休地这样抱怨："土地呀土地，你为什么不给我一个好的收成呢？如果你现在就给我好的收成，我就给你松土、播种、施肥、除草、捉虫。"殊不知，如果不在春天松土播种、施肥、除草、捉虫，到了秋天，收获的就只能是荒芜！

抱怨不如改变。当你能不断地主动去提升自己创造利润的能力后，也许你会发现"薪水不涨"原来只是杞人忧天！

不要抱怨不公平，你为企业创造了多少利润？

当你遭遇到不公平的待遇时，不要片面地看待不利的一面，老想着别人收获了什么，而应该认真地反思一下自己：我付出了多少？不要整天盯着那些利益不放，踏踏实实工作，用业绩说话，这才是一名员工应该做的。

看着昔日的同学和同事一个个升了官、发了财，走上一个个新的台阶，刘涛的情绪一度很消沉。论工作能力、论工作态度、论工作强度，刘涛自认为并不比他们差，但他付出的比别人多，得到的却比别人少。在这种想法的控制下，刘涛开始像很多人那样，时常抱怨生活的不公平，直到他听说了一个朋友的故事……

这位朋友刚参加工作时，拿着很低的工资，每天的工作却很辛苦。当他拿着第一个月的工资回到家里抱怨时，他的父亲并没有问他具体的薪水有多少，而是问："公司这个月的销售如何？净收入是多少？你为公司创造了多少利润？公司其他人的业绩如何？相比之下，你所付出的努力是否对得起工资？"从此，他再也没有抱怨过，更多的时候只是感觉这个月自己的工作成

创造利润

绩太少,进而更加勤奋地工作,不断提升自己的业务能力。

很快,这位朋友就升任公司的副总经理。

听了朋友的故事,刘涛一下子释然了。

比较薪水不是坏事,但在比较薪水之前,请先比较业绩!与其抱怨待遇太低,不如努力提升自己的能力,这样才是增加利润、提升薪水的最好途径。

怎么样做才是真正的能力提升?

那么,怎么样做才算是真正的"能力提升"呢?很有必要在此处解读一下,以便让每一位欲提升能力的人有一个明确的标准。

首先,需要特别注意的是"能力提升"不仅仅是我们通常理解的专业能力的提升,而是有着更深刻和宽广的含义。本质上,"能力提升"有以下四层含义:

第一层含义:多付出。当一名员工能不抱怨,化"被动听命"为"主动做事",并且乐意去做分外的工作,为企业多付出的时候,其能力就开始提升了。

第二层含义:有事业心。当一名员工能视工作为事业,努力使事情的结果更好时,其能力又提升到了一个新的台阶。

第三层含义:更专业。当一名员工能不断地主动去学习、钻研和实践本职工作,使自己的专业能力不断提升,从而使自己的做事效能也不断提升时,我们可以说该员工的能力获得了更大的提升。

第四层含义:能创新。当一名员工能通过创新为企业创造更多的效益时,其能力又提升到了更高的境界。

上述四层含义是一种从低到高的递进关系,其提升的程度也是一种由易到难的递增。

总之，任何一名员工，如果能够达到上述标准，就可以说是"能力提升"了。换言之，一名员工欲使自己的"能力提升"，就应该朝这个方向去努力。

在工作或者生活中，我们不要有太多的抱怨和攀比，而应该把工作尽心尽力地做好，用业绩说话。是否能获得加薪，是否有希望被提拔，表面上看决定权操控在老板手上，但归根结底还是在于你自己！

从某种意义上说，工作是一种交换。企业付你工资或薪酬，你以自己的能力和劳动为其提供相应的结果！能力越强，得到的结果越好，你的薪酬和地位也就越高。能力有提升，薪水才会涨。能力提升得越快，创造的利润越多，薪水涨得就越快。

创造利润

2. 马上行动，时间就是利润

> 要获得利润，绝不能靠开会空谈，而要行动起来，业绩只能在行动中创造！
>
> 行动是利润的最终决定力量。无论计划多么详尽，想法多么有创意，眼光多么犀利，若不开始行动，就永远做不成事情，创造不出利润。

在赛跑中，只要比所有人快一步，就会成为冠军。而在商场中，很有可能慢一步就全部是失败者，没有亚军。时间就是金钱，这在商场中得到了最真实的体现。

那么，时间能值多少钱呢？罗斯柴尔德家族的发迹经历或许能给我们以启发。

1815年6月20日，伦敦证券交易所一早便充满了紧张的气氛。因为就在两天前，即6月18日，英国和法国之间进行了关乎两国命运的滑铁卢战役。如果英国获胜，英国政府的公债将会暴涨；而法国获胜的话，英国政府的公债必将一落千丈。因此，交易所里的每一位投资者都在焦急地等候着战场的消息，只要能比别人早知道一步，哪怕半小时、十分钟，也可以趁机大捞一把。

战事发生在比利时首都布鲁塞尔的南方，与伦敦相距遥远。因为当时既没有无线电，又没有铁路，除了某些地方使用汽船外，主要靠快马传递信息。而在滑铁卢战役之前的几场战斗中英国均吃了败仗，所以大家对英国获胜没抱有什么希望。

这时，罗斯柴尔德的三儿子尼桑开始卖出英国公债了，于是，有的人便跟进，瞬间英国公债暴跌。正当公债的价格跌得不能再跌时，尼桑却突然开始大量买进。交易所里的人被弄糊涂了，这是怎么回事？正在此时，官方宣布了英军大胜的消息。

就这样，尼桑发了一笔大财。

原来，罗斯柴尔德的五个儿子分处欧洲几国，他们视信息和情报为家族繁荣的命脉，所以很早就建立了横跨全欧洲的专用情报网，并不惜花大价钱购置当时最快最新的设备，情报的准确性和传递速度都超过英国政府的驿站和情报网。正是因为有了这一高效率的情报通信网，才使尼桑比英国政府抢先一步获得滑铁卢战役的战况。

另外，尼桑的高明之处在于他采取了欲擒故纵的战术。要是换了别人，大量买进也可赚一笔。而尼桑却先设一个陷阱，造成一种假象，引起公债暴跌，然后再以最低价购进，这样就大发了一笔。

凭借着这笔横财，罗斯柴尔德家族有了腾飞的基础，建立了当时世界上最大的金融王国。在鼎盛时期，他们翻云覆雨的力量使欧洲的王公贵族也甘拜下风。

犹太人做生意有句名言："要在两列火车对面错过时进行交易。"他们如此珍惜时间，而且动作之快，一般商人都赶不上他们的步伐，所以犹太人在商战中少有对手。

既然时间就是利润，那么马上行动就显得特别重要，因为，任何希望、任何成功，最终必然要落实到行动上。所以，世上没有任何事情比"立即行动"更重要、更有效果。

创造利润

如果坐着不动,就永远别想赚钱!

"静若处子,动若脱兔"这句话用在企业运营上非常合适。规划和思考一定要深入全面,但一旦决定了就要马上行动。决策人的专业水平不高,决定了在一些关键问题上决策得仓促或是犹豫不决,两种情况都会给企业带来巨大损失。降低时间成本,是企业节约费用、提高效益的最根本的解决之道,也是最划算的一种投资。

成功人士有一个共同点:从来不会为了解释事情的结果而编造借口,也不会抱怨事情原本应该如何发展,而只会积极行动。

在美国的大都会人寿保险公司的新员工大会上,会议一开始,董事长就命令所有新员工起立,看看自己的座位上有什么。结果每个人都在自己的座位上发现了一张钞票,面值大小不等。看到新员工迷惑不解的神情,董事长继续说道:"这是你们成为大都会一员的第一课:如果坐着不动,就永远别想赚钱!坐着空谈不是大都会的作风!我现在宣布,会议结束!你们马上行动,去寻找客户。"

董事长的意思非常明白,要获得利润,绝不能靠开会空谈,而要行动起来,业绩只能在行动中创造!

西方有句著名的谚语:与其诅咒黑暗,不如点亮蜡烛。只有在实干中,问题才能得以解决;也只有在高效迅速的行动中,才能让利润最大化。

金利来领带受到世界上40多个国家和地区的先生们的青睐,美国前总统尼克松第一次访华前,看中的就是金利来领带。

"金利来"的缔造者曾宪梓的经营理念之一就是"四快口号"。"四快口号"是"快设计、快制作、快投产、快上市"。当今世界的生活节奏和运转时效都极快、极短,对领带的更新换代提出了更高的要求。所以,为了实

第六章
不断增强获利能力,做产能最高的人

现"四快"之中的首"快","金利来"实行"拿来主义"。

"金利来"派遣大量人员到图案设计花色品种繁多的法国和意大利,挑选合适的样式,见有别具一格的,即用重金买下版权,拿回香港自行配上不同颜色,迅速批量生产,投放市场,保证了制作、投产、上市的快捷。"金利来"每年推出2万个花色品种,就得益于"四快"。

另外,"金利来"在广告宣传上也很会抢先,他们采用的是"产品未动,广告先行"的策略。1981年到1982年,"金利来"耗资上百万人民币在内地进行大规模宣传,但市场上却不见其踪影,这引起了消费者的好奇。于是,当"金利来"进入中国内地市场时,马上形成了一股争购之风。

忙碌的人不肯拖延,他们觉得生活正如莱特所形容的那样:"骑着一辆脚踏车,不是保持平衡向前进,就是翻覆在地。"效率高的人往往有限时完成工作的观念,他们确定做每件事所需的时间,并且强迫自己在预期内完成。即使你的工作并没有严格的时间限制,也应该经常训练自己。当你发现自己能在短时间内做更多的事时,不但能提升自己的收入,更能为公司创造利润!

创造利润,首要的办法是让自己行动起来

要想创造利润,首要的办法是让自己行动起来。100℃的水,少了1℃就不能沸腾。很多人出不了业绩,并不是因为缺乏能力,也不是缺乏创造力,而是缺乏行动力。

每一个行业的领导人物都认为第一流的人才非常欠缺,社会上仍有许多高级职位虚位以待。资历很好和能力很强的人虽然很多,但都缺乏一个非常重要的成功因素,即行动的能力。毕竟,每一个工作都需要脚踏实地的人来执行,主管在聘用重要职位的人时,都会先考虑一些问题,然后才决定是

否聘用。这些问题有:"他愿不愿意做?""他会不会坚持到底地把事情做完?""他能不能独当一面,自己设法解决困难?""他是不是有始无终、光说不做的那一种人?"这些问题都有一个共同的目的,就是设法了解那个人是不是能做到"马上行动"。

"马上行动"似乎是一句广告词,说起来尽人皆知,可又有几个人能真的"马上行动"呢?如果你一直在想而不去做的话,根本成就不了任何事。请你想想看,世界上的每一件东西,从人造卫星到摩天大楼,乃至一个塑料饭盒,都是一个个想法付诸实施后所得的结果。去做了虽然不一定能做好,但是你不去做,就连成功的可能性都没有!

行动是利润的最终决定力量。无论计划多么详尽,想法多么有创意,眼光多么犀利,若不开始行动,就永远做不成事情,创造不出利润。在工作中,如果我们能够将一切憧憬都抓住,将一切计划都执行,那么,在事业上所取得的成就,将是多么的伟大!

3. 思路就是出路，创意就是利润

> 在职场中常常有这样两种人：一种是中规中矩、按部就班的人；另一种则是满脑子想法、不愿意循规蹈矩的人。第一种人虽然踏实谨慎、兢兢业业，但只是优秀的执行者，而不是"思想发动机"，不能为企业创造大量的利润。而有创意的人，是职场中的稀有资源，更是经济社会的珍宝。

每个企业都欢迎不墨守成规并且经常想出新创意的员工，因为创新能力是一个企业持续创造利润和不断发展下去的动力。从20世纪中期至今，招聘人才由看文凭到注重经验，再到如今青睐创新精神，这是人才理念与时俱进的深刻体现。所以，创新能力现在不但是评价员工的标准，也是衡量企业实力的重要标杆。

杰克·韦尔奇有句名言："有想法的才是天才。"这也是他选择员工的标准。有时候，一个简单的想法，一个神来之笔的创意，就有可能使公司转危为安，或者创造巨额的利润。

成功与失败，只不过是一念之差。在经营中，如果按照所有条条框框行事，就不可能获得更大的利润。要想在激烈的竞争中获胜，就需要思维的超

越和大脑中的创意。

著名创新思维专家郎加明说过一句话："对于创新来说，方法就是新的世界。最重要的不是知识，而是思路。"其实好的创意，并非就是惊世骇俗的想法，也并非颠覆真理，而是需要你打破常规，换一种角度和思路来思考问题。创意，也并非是可遇不可求的事情，有时创意就在你灵机一动的一瞬间。它不需要你太大的物质投资，却可以使你受益良多，甚至改变一个人一生的方向。它在你经营失败时，可能会带给你成功的希望；在你面临困境时，能使你柳暗花明、绝处逢生。

日本的东芝公司在1952年前后曾一度积压了大量卖不出去的电扇，7万名员工为了打开销路，费尽心机地想办法，但进展不大。

有一天，一名员工向当时的董事长石板泰三提出了改变电扇颜色的建议。在当时，全世界的电扇都是黑色的，东芝公司生产的电扇自然也不例外。这名员工建议把黑色改为浅色，这一建议立即引起了董事长的重视。经过研究，公司采纳了这个建议。第二年夏天，东芝公司推出了一批浅蓝色的电扇，大受顾客欢迎，市场上甚至还掀起了一阵抢购热潮，几十万台电扇在几个月内销售一空。从此以后，在日本以及在全世界，电扇就不再是一副相同的黑色面孔了。

只是颜色上的小小改变，就能让原本大量积压滞销的电扇，在几个月之内迅速成为畅销品，为公司创造了大量的利润。这样一个普通的想法，既不需要渊博的科技知识，也不需要丰富的商业经验，只需要你改变自己的思路，打破行业中的惯例，就能开创一片全新的天地。

其实很多时候，经营什么产品并不重要，重要的是经营者要在经营的过程中不断地进行创新，用自己独到的眼光来发现商机，并用创新来创造利润。

第六章
不断增强获利能力，做产能最高的人

有创意的人，是职场中的稀有资源

在职场中常常有这样两种人：一种是中规中矩、按部就班的人；另一种则是满脑子想法、不愿意循规蹈矩的人。第一种人虽然踏实谨慎、兢兢业业，但只是优秀的执行者，而不是"思想发动机"，不能为企业创造大量的利润。而有创意的人，是职场中的稀有资源，更是经济社会的珍宝。

福特汽车公司是美国创立最早、最大的汽车公司之一。1956年，该公司推出了一款新车。尽管这款汽车式样、功能都很好，价格也不高，但令人感到奇怪的是，竟然销路平平，和公司预期的情况完全相反。

公司高层急得像热锅上的蚂蚁，但绞尽脑汁也找不到让产品畅销的方法。这时，在福特公司里，有一位刚刚毕业的大学生对这个问题产生了浓厚的兴趣，他叫艾柯卡。

艾柯卡是福特汽车公司的一位推销员，老板因为这款汽车滞销而着急的神情，深深地印在他的脑海里。他开始不停地琢磨：我能不能想办法让这款汽车畅销起来呢？终于有一天，他脑袋里灵光一闪，于是径直来到总经理办公室，向总经理提出了一个方案："我们应该在报纸上登广告，内容为花56美元买一辆56型福特。"

这个创意的具体做法是：谁想买一辆56型福特汽车，只需先付20%的车款，余下部分可按每月付56美元的办法支付，直到全部付清。

他的建议最终被采纳，"花56美元买一辆56型福特"的广告引起了人们极大的兴趣。

"花56美元买一辆56型福特"，不但打消了很多人对车价的顾虑，还给人留下了"每个月才花56美元就可以买辆车，实在是太划算了"的印象。

奇迹就因为这样一句简单的广告语而产生了：短短的3个月，该款汽车在

创造利润

费城地区的销售量从原来的末位一跃成为冠军。而这位年轻的工程师也很快受到了公司赏识，总部将他调到华盛顿，并委任他为地区经理。

后来，艾柯卡根据公司的发展趋势，不断地提出了一系列富有创意的方法，最终脱颖而出，坐上了福特总裁的宝座。

用创新的思维方式来开启利润之门

好的创意价值上亿。从某种意义上来说，创造力的高低决定了企业和个人的成败。市场经济的规律告诉我们：思路常新才有出路。邯郸学步、东施效颦的思维定式在今天已举步维艰了。成功的喜悦总是属于那些思路常新、不落俗套的人。一堆木料，用来作为燃料，几乎分文不值；如果卖掉，价值只有几十元；如果你有初级木匠的手艺，将其制作成家具再卖掉，能够价值几百元；如果你有高级木匠的手艺，将其制作成高级屏风卖掉，那就能够价值几千元了！

传说中的阿里巴巴用"芝麻开门"的密语打开了装满金银财宝的神秘山洞，而现代人则需要用创新的思维方式来开启利润之门。

1987年，美国的两个邮递员科尔曼和施洛特无意中看到一个小孩拿着一种发亮光的荧光棒，这东西能派上什么用场呢？在胡思乱想中，两个人随手把棒棒糖放在荧光棒上面，结果光线穿过半透明的糖果，显现出一种奇幻的效果。这个小小的发现，让两人惊喜不已。他们为此申请了发光棒棒糖专利，还把这专利卖给了开普糖果公司。

奇迹由此开始。两个邮递员继续想：棒棒糖舔起来很费劲，能不能加上一个能自动旋转的小马达，由电池对它进行驱动，这样既省劲又好玩。这种想法很快被付诸实施。对他们来说，这种创造太简单了！旋转棒棒糖很快投入市场，并且获得了极大的成功。在最初的6年里，这种售价2.99美元的小商品一共卖出了6000万个！科尔曼和施洛特得到了丰厚的回报。

更大的奇迹还在后面。开普糖果公司的负责人奥舍在一家超市内看到了电动牙刷，虽有许多品牌，但价格都高达50美元，因此销售量很小。奥舍灵机一动：为什么不用旋转棒棒糖的技术，用5美元的成本来制造一支电动牙刷呢？

奥舍与科尔曼、施洛特着手进行技术移植，很快，美国市场上最畅销的电动牙刷诞生了，它甚至要比传统牙刷还好卖。在2000年，3个人组建的小公司卖出了1000万支牙刷！这下，宝洁公司坐不住了。相比之下，宝洁的电动牙刷成本太高了，几乎没有市场竞争力。于是，经过讨价还价，2001年1月，宝洁收购了这家小公司，付给其预付款1.65亿美元，3个创始人在未来的3年内留在宝洁公司。过了一年多，宝洁公司便提前结束与奥舍、科尔曼、施洛特3人的合同。因为宝洁公司发现这种电动牙刷太好卖了，远远超出了公司的预料。借助一家国际超市公司，这种牙刷在全球35个国家进行销售。按照这种趋势，宝洁在3年合同期满后要付给奥舍3人的钱会远远超出预期。最后经过协商，合同提前终止，奥舍、科尔曼、施洛特一次性拿到了3.1亿美元，加上原来1.65亿美元的预付款，共4.75亿美元，这是一个令人头晕目眩的数字！

有记者问李嘉诚：为何你几十年的财富还不如比尔·盖茨的几年暴富？他在一方面感慨"后生可畏"的同时，一方面承认比尔·盖茨掌握了这个年代最为稀缺的资源：创新精神。

思维是人生转变的基础和起点，更是创造利润的基本条件。一个好创意，就是一个利润源泉。有了创新，企业才有竞争力。有时候，一个小小的无意中冒出的创新念头，就能成就一家企业，改变一个人的命运。

4. 控制时间成本：未来企业的基本生存之道

> 商场如战场，时间在企业经营中起着重要的作用，这一点却常被一些人所忽略。因为对一些企业来说，他们可能更在意看得见的资金费用成本。但有时候，时间也是一种重要成本，而且是可以转化为利润的一种成本。
>
> 控制时间成本，是提升利润的有效方法，也是未来企业的基本生存之道。

长期以来，企业为了增加利润，都会在成本管理上下功夫。一般来说，成本管理主要集中在两个方面：一是降低原材料成本或者运营成本，二是以提高工作效率为主的费用控制管理能力。在这两个方面的努力使得企业成本不断降低，利润不断增加。

但是，随着经济全球化时代的到来，市场的透明度日益提高，原材料成本的降价空间越来越小，同时企业内部各项成本控制也逐渐接近极限。事实上，在今天市场上所表现出来的产品成本的价格大战，只意味着这样一个事实：传统意义上的降低成本之路，已经走到了尽头。

对于现代企业来说，可以削减的最大成本究竟是什么？是时间成本！时间成本不仅是指时间本身的流失，也是指在等待过程中造成的市场机会的丢失和运营成本的增加。什么样的企业是成功的企业？对成本掌控最好的企业就是成功的企业。对一个企业来说，对时间成本的掌控非常重要，因为所有成本最终属于一个成本：时间成本！

商场如战场，时间在企业经营中起着重要的作用，这一点却常被一些企业所忽略。因为对一些企业来说，他们可能更在意看得见的资金费用成本。但有时候，时间也是一种重要成本，而且是可以转化为利润的一种成本。

节约时间成本，最能提高利润

在高速发展的当今社会，"距离不是问题，时间才是关键"。随着科技的发展，距离的影响变得越来越小，而时间成本的重要性越来越大。

以买房为例。有调查显示，现在的购房者最关注的因素中，一半以上的人认为地段、交通是否便捷是首要因素。而"地段、交通便捷"的真实含义是生活、工作方便快捷，能够节约时间成本。

一般来说，库存是企业经营的重要成本，但事实上，库存并不是产品到顾客的遥远距离，而是产品到顾客的等待时间。产品走到顾客手中的"时间"，才是企业最大的经营成本，也是企业成本管理中的最大漏洞。

因为产品晚一天到达顾客手里，企业就要多付一天的员工工资，库存费用就要增加一部分，就要多增加一天的运营管理成本。这些费用都会计入产品成本之中，最终由消费者来埋单。如果时间成本掌控不得力，企业就会陷入这样一个怪圈：资金周转率越来越低，利润越来越少，反映到市场终端的结果就是——产品售价水涨船高，消费者怨声载道，最终消费者只能转而购买其他商家的产品，企业也就垮掉了。

西方某知名服装品牌的成本调查显示，其产品的加工装配时间，只占整个生产流程的2%，原材料和制成品的运输时间占5%，而剩下的93%的时间，全部花费在了生产准备和成品交换上。也就是说，在从原材料采购到产品售出的一个完整过程中，企业内部的生产时间仅仅不到10%，其余的时间全部是产品到顾客手中的时间。

显然，这是一个让人惊讶的结论，它意味着这样一个事实：**时间成本，已经悄悄地成为企业经营的最大成本**。

对于普通的制造企业来说，时间成本管理可以这样理解——"内部生产就是成本，外部销售才是利润"。所以，缩短销售时间就降低了企业成本，减少了库存时间，从而提高了利润。

时间是成本，更是生产力和竞争力

时间是一种成本，更是一种生产力。事实上，当一件产品到达顾客手里的时间，从几天或1个月，缩短为1天甚至是1小时时，它就已经不再是单纯的成本概念了，而成为企业的一种核心竞争力，无法为他人所模仿。

西班牙的服装品牌ZARA，就是最好的样本。

ZARA成立于1975年，经过多年的努力，冲破时装巨头的垄断，成为时尚潮流的引领者。2005年全球百大最具价值品牌中，ZARA位列第77名，被誉为"服装行业中的戴尔电脑"。

分析ZARA的成功因素，一般人认为是：出色的设计，顾客导向，敏捷的供应链系统等等。事实上，这一系列表象背后的核心理念是——ZARA最大限度地提高了各个环节的运转速度，大大削减了时间成本。从产生设计理念到衣服上架，中国服装企业需要6~9个月，国际品牌可以做到120天，而ZARA平均只要12天！

12天，对于一家时尚服装企业来说具有决定意义。它保证了ZARA店里销售的衣服，永远是当季最流行最时尚的，价格却是那些一线品牌的几分之一甚至十分之一。这12天对ZARA的运营模式起着决定性作用，奠定了它风靡全球、不被轻易替代的底气。

　　商业，不能仅仅用生产成本、经营成本来计算成本，不能仅用利润额来计算收入，拥有99.99％利润的东西并不比拥有1％利润的东西赚钱。商业首先要考虑的是时间成本，关注时间成本，才能在激烈的竞争中获得更大的优势，赚取更多的利润。

　　全球最大的商业零售企业沃尔玛也是善于压缩时间成本的高手。沃尔玛的商业口号是"天天低价"，那么它是怎样实现这个承诺的呢？是时间成本决定了产品价格，从而使得沃尔玛的"天天低价"成为现实。

　　沃尔玛建立了基于时间成本管理的强大信息和物流系统。沃尔玛的配送中心具有高度现代化的机械设施，85％的商品都采用机械处理，从而大大减少了人工处理的费用与时间，保证了货品从仓库到任何一家分店的时间不超过48小时，使得各分店即使只维持极少存货也能保持正常销售。为了保持信息的快速、有效沟通和传达，沃尔玛配备了飞机，以压缩时间成本。沃尔玛先进的卫星通信网络，使得配送中心、供应商及每家分店的每一个销售点之间，在短短数小时内便可完成"填妥订单——各分店订单汇总——送出订单"的整个流程。

　　因此，未来的每一个企业——无论是作为第二产业的制造业，还是作为第三产业的信息服务业——都需要基于"时间成本"的角度，重新分析企业各项成本的构成，并从隐性的时间成本中获得成本减少的收益。其中，每增加一分钟的滞留时间，都意味着均摊了企业的总成本，而信息技术的应用则可以有效地压缩时间，使利润最大化。

　　控制时间成本，是提升利润的有效方法，也是未来企业的基本生存之道。

创造利润

5．工作是带薪水的学习和增强获利能力的平台

> 工作不但为我们提供薪水，保障我们的生存，更为我们提供了一个锻炼自己、提升自己和发展自己的平台，让我们在为公司创造利润、创造绩效、创造价值的同时，也在为自己增加价值。

世上的所有经验，都是由"事情"积累而来的。在我们成长过程中，每经历一件事情，都给我们提供了一次极好的直接学习的机会。实践是学习的最高境界，而"事情"所体现出来的就是实践。作为一名员工，我们的工作其实就是"做事"，我们所做的每一件事都是我们学习的机会。如果能够充分地利用这些机会，在我们解决每一件事情的过程中，我们所学到的知识与技能都必然有所增加。

"世事洞明皆学问，人情练达即文章。"不管是自己的事情还是别人的事情都可以学习。从"事"中学习，对我们来说是一个学习知识与技能的重要方法。万物皆有可学，事事皆有学问。当我们能明白这一点，我们就会在面对事情的时候，有意识地从这些事中学习知识与技能，增长我们的经验与智慧。

因此，我们应该树立这样的观念：工作是带薪的学习，是增加我们的获

利能力的平台。事实上，工作不但为我们提供薪水，保障我们的生存，更为我们提供了一个锻炼自己、提升自己和发展自己的平台，让我们在为公司创造利润、创造绩效、创造价值的同时，也在为自己增加价值。

人只有不断地工作和学习，才能不断进步。如果让自己的能力闲置不用，再高的天赋也容易被荒废，最终变得平庸。人类历史上著名的小提琴演奏家尼科罗·帕格尼尼在他的遗嘱中，将他的那把最珍爱的小提琴捐赠给了他的出生地热那亚市。帕格尼尼在他20岁得到这把小提琴时，这把小提琴已经有了60年的演奏历史。按照制琴名家的观点，把小提琴必须经过不断演奏磨炼，才能逐渐展现自己的特质。60年的琴龄已经让这把琴度过了自己的青春期，再经过帕格尼尼一生的演奏，它的琴质已经达到了巅峰。然而，这把小提琴放到帕格尼尼的家乡后，就被禁止任何人再去使用。对于小提琴而言，这真是莫大的悲哀。它的木质属性决定了，如果它一直被使用着，质量下降的过程是极其缓慢的，而一旦被珍藏起来，腐朽便会不可抗拒地开始。

果然，在收藏过程中，小提琴两度散了架，几乎彻底毁掉，虽经修复，但作为小提琴的本质意义早已荡然无存。

如今，存于帕格尼尼纪念馆的这把小提琴，从乐器的角度看，它已经变得没有任何价值。同样地，一个人的天赋和才干的价值也只存在于其使用过程，而且只有在使用过程中才能进一步发扬光大，一旦被储藏起来，退化将不可避免，更可悲的是，它毫无价值可言了。所以我们对待工作的态度应该是把它当成愉快的带薪学习的过程，在工作中学习，在学习中工作，这样才能体会到工作的乐趣，并且成本最低，创造的利润和效益最大。

创造利润

向所有人和事学习，提高我们的能力

工作是最直接的学习，工作是带薪的学习，工作更是增强我们获利能力的平台，因此，怀着一颗学习之心去面对工作，就会发现在工作中遇到的所有人和事，都有值得学习的地方。

（1）向老板学习。

老板之所以是老板，必定有他的过人之处。向老板学习，并不是因为他是老板，而是因为他优秀。他之所以能成为老板，一定有许多你不具备的特质。如果你能随时随地向他学习，那么你做事会更尽心尽力，会像老板一样思考，像老板一样行动。当你潜心地向老板学习时，你就会主动地去考虑企业的成长，考虑企业的未来，你就能感觉到企业的事情就是自己的事情。于是，你将更明白什么是自己应该做的，什么是自己不应该做的。

（2）向同事学习。

每个人身上都有着不同的优点，这些优点一旦被你学习吸收，就会在很多时候对你有所帮助。你的同事也许在工作技术上强于你，也许在职业技能上高于你，所以当你向他们学习，学习他们的技术技能，学习他们的工作经验时，对你的工作是有极大帮助的。

（3）向客户学习。

向你的客户学习，让客户的知识和经验成为你的知识和经验的一部分。客户甚至可能是决定你专业发展的关键。借由观察客户不同的需求，或者观察他们使用你的产品或服务的不同方式，都有可能为你发展新产品或者创新营销策略提供灵感。

我们只要细心，就可以从客户身上学到各方面的知识，打开自己的思路，获得一些可以享用终生的教益。把客户当成财富，不仅要求你把客户当

成是你生意和工作上的财富，还要把他们当成是能助你提升自我能力的财富。这样，我们就能从客户那里学到更多有用的东西，为我们的发展提供更多的助力。

总之，要想让自己的薪水不断上涨，就必须让自己在工作中边做边学，不断提升自己的才干，不断增强自己创造利润的能力。只要你能让创造利润成为你的习惯，你就能迅速成为企业里最受欢迎的人，更容易成为你心中期望的自己。

创造利润

6. 应该去做的事，不必上司交代

> 要想不断增加创造利润的习惯，要想不断发展自己的前程，就必须培养起自动自发的精神，就必须懂得应该去做的事，不必老板和上司交代！

要不断增强创造利润的能力，有一种精神不可或缺，它就是"自动自发"精神。在职场中，只有那些不用老板和上司交代，就主动去做应该做的事情的人，才会赢得企业的青睐，赢得更多的机会。

前面已经提到，工作并不仅仅是谋生的工具，也不是不得不做的苦役。工作是人的事业，是人的使命；工作更意味着责任和尊严。伟大的雕塑家罗丹曾经说过："工作是人生的价值，人生的快乐，也是幸福之所在。"毫不夸张地说，工作就是人生，人生的意义全在于你所做的工作和事业。

尽管老板有权力分配一位员工的工作，但老板和同事之间其实是一种工作关系。许多人认为自己在为老板打工，对工作敷衍了事，但真相却是：**每个人都在为自己工作，无论是为了养活自己，还是为了自己的前途做铺垫。**

如果你想取得像老板今天这样的成就，如果你希望自己创造利润的能力越来越强，办法只有一个，那就是比老板更积极主动地工作。对于那些应该去做的事情，即使老板不交代，也要主动完成，并尽可能做到最好。

自动自发就是保佑你成功的秘籍

自动,强调的是一种主动精神,就是没有人要求和强迫,却一样出色地完成自己的工作。一旦认识到了工作的意义,自动自发精神就会成为你必然的选择。这种抢任务、找活干、想尽办法创造利润、提升绩效的精神,就是自动自发精神的具体表现。

通常,积极主动的人的身上有一种朝气蓬勃的动力,因而比常人更容易成功。你学会了积极主动,也将会迈向成功。你在公司里就要从老板的角度去考虑问题,以主人翁的心态工作,并在此过程中充分发挥你的创造性。英特尔公司前总裁安迪·葛洛夫应邀对加利福尼亚大学伯克利分校毕业生发表演讲,有学生就职业心态问题进行提问时,他说:"不管你在哪里工作,都别把自己当成员工——应该把公司看作自己开的一样。"

只有这样你才有可能积极地工作,去把工作当作自己的事业,去为了公司的利润增长绞尽脑汁。这样你就会发现你在老板心目中的地位明显上升了。可是,我们现在更多地是把公司仅仅看成是老板个人所有的,把自己仅仅定位为打工者。也许这是对的,可是你要想获得老板今天的成就或者超过老板,你就不能这么想。

自动自发就是保佑你成功的秘籍,你想成功就要学会自动自发地工作。你要自动自发地做事,同时为自己的所作所为承担责任。那些成就大业之人和得过且过之人的最根本的区别在于,成功者懂得为自己的行为负责。没有人能促使你成功,也没有人能阻挠你达成自己的目标。

创造利润

以主人翁的心态工作，比老板还要积极

你要学会分辨是非，懂得细心观察时势。你要常常问自己："我是老板的话该怎么办？"这将有助于你去学习处理事情的方法。在工作上善解人意，会减轻主管、共事者的负担，让你更具人缘。

其实，自动自发地工作并没有你想象中的那样遥远，那样神秘，你也可以和别的成功人士一样知道怎样去做。你要从各方面努力，不要限制你的视线。你要做老板那样的人，像老板那样为了增加企业的利润而付出努力，甚至比老板更加积极，不怕浪费自己的力气。

美国康奈尔大学的威克教授曾做过一个实验：把几只蜜蜂放进一个平放的瓶子里，瓶底向着有光的一方，瓶口敞开。但见蜜蜂们向着光亮处不断飞舞，不断撞在瓶底上。最后当它们明白，自己永远都飞不出这个瓶子时，教授倒出蜜蜂，把瓶子按原样放好，再放入几只苍蝇。不到几分钟，所有苍蝇都飞出去了。

原因很简单，苍蝇并不朝着一个固定的方向飞，它们会多方尝试，向上、向下、向光、背光，一方不通立刻改变方向，虽然免不了多方碰壁，但它们最终会飞向瓶颈，并顺着瓶口飞出。苍蝇用自己的不懈努力改变了命运。

你只是一个人，但你是一个人。你并非能做所有事事，但你能做某些事，能做则做，靠着自动自发，努力去做正确的事情！当你比你的老板更加积极时，上天将会给你带来更多的机会！

上天永远是公平的，你的积极工作最终会给你带来丰厚的成果。不要因为自己的短视而不愿意去奉献自己的激情，不去积极主动地工作，只是在日复一日年复一年的日子里打发着时间，领着有限的工资。当你学会自动自发

第六章
不断增强获利能力，做产能最高的人

地工作和不断地提升自己创造利润的能力后，你会发现一切将变得那么简单和美好。

总之，要想不断增加创造利润的习惯，要想不断发展自己的前程，就必须培养起自动自发的精神，就必须懂得应该去做的事，不必老板和上司交代！

创造利润

第七章

让创造利润成为你的使命和习惯

在市场经济下,公司要想获得生存和发展的空间,就必须创造利润,而利润来源于员工的业绩。所以,员工必须把努力创造利润当作神圣的天职。作为一名员工,要时时以公司经营绩效为己任,努力为公司创造利润,伴随公司成长而成长。能为企业赚钱的人才是企业最需要的人。如果我们能把为企业盈利看成是自己的神圣天职,那么我们就会在工作中取得骄人的业绩,赢得管理者的器重,获得令人羡慕的高薪。

> 只有在员工为公司创造出丰厚利润的条件下，他们的奖金和工作才能得到保障。
> 公司只有实现了盈利，才能把利润拿出来与员工分享。
> ——美国惠普公司创始人 比尔·休利特和戴维·帕卡德
>
> 一个不能给他人带来财富的人，自己也无法获得财富。你必须持续地为他人创造价值。
> ——戴尔·卡耐基

1. 创造利润是员工的天职

> 能为企业赚钱的人才是企业最需要的人。如果我们能把为企业盈利看成是自己的神圣天职，那么，我们就会在工作中取得骄人的业绩，赢得管理者的器重，获得令人羡慕的高薪。

军人，以服从命令为天职；企业，以创造利润为天职。做企业，追求利润是唯一的目的。利润是企业的命脉，没有利润的企业是很难做大做强的。即使有最佳的产品、最好的形象、最优秀的员工，如果创造不出来利润，企业也会很快陷入困境。无论是企业还是个人，从头开始的时候都应该是先吃饱再吃好。俗话说"一流企业定标准，二流企业拼品牌，三流企业拼服务，四流企业杀价格"，利润也是依次递减的。大企业之所以长盛不衰，就是因为有稳定而持久的利润源。

曾经有人问过许多公司的管理者，什么是他们评价员工的标准？他们都会毫不犹豫地回答：业绩。

业绩，最直接的体现就是利润。企业都有自己的奋斗目标，但最核心的目标就是创造利润。在市场经济下，公司要想获得生存和发展的空间，就必须创造利润，而利润则来源于员工的业绩。所以，员工必须把努力创造利润当作神圣的天职。

利润才是硬道理。管理专家彼得·德鲁克说："没有利润，就没有企业".没有利润，企业就无法存活，更无法发展。但企业如何才能获得利润呢？老板和员工一同努力去获得业绩！如果一个企业没有业绩，企业就会倒闭，而员工也将失业；如果一个员工不能为企业创造业绩，那么必将无法在企业立足；如果一个员工不能带来出色的业绩，就很难获得大的职业发展。

的确，考核员工能力，要看他的业绩——只有业绩才能体现一个员工的价值；考核管理人员能力，还是看他领导的团队取得的业绩；考核企业综合实力的，还是要看企业所取得的业绩。股东、公众、国家都是通过审核企业年终收益高低来判断企业成功与否。除此之外，别无其他准则。有谁会将目光始终盯着你的发展过程呢？没有！

总而言之，业绩是企业衡量员工的关键指标。有业绩，就有发展，才有位子；没有业绩，不但升迁无缘，甚至无法立足。可以说，业绩是你安身立命的根本，也是你出人头地的入场券。在职业发展的道路上，有业绩，一切都好说；没有业绩，寸步难行！

不能创造利润的员工容易被替代

一个企业，生存的唯一理由就是创造利润，有利可图是一个企业运营的意义和目的。对于员工来说，劳动是谋生的手段，只有通过劳动为企业创造价值，企业有盈利，员工才能获取报酬，才能有稳定的生活保障。

成立一家公司必须投入一定资本。资本的本性就是攫取利益，或者是使公司利益最大化。无论竞争多么激烈，公司总有一个岗位永远缺人，那就是真正能为公司和个人盈利的人。所以，作为公司里的一名员工，就要为公司创造利润，如果一个人不能在自己的位置上为公司创造利润，那么他也就没有再在这个位置上待着的必要了，就会被替换掉。

创造利润

这已经是辛普森的第三份工作了。皮特、汉森和他学历相当，而且都是同一批进入公司的，他们现在都有了丰厚的业绩，而且有望在新的一年里获得进一步的提升。

回首过去的一年，确实有些恼人，整整一年，辛普森都没接到什么大单，也许这是整个行业都不景气的缘故吧。可是皮特的客户资源却依然丰富，他似乎整天都忙着和客户谈判。汉森虽然没有像皮特那拥有丰富的客户资源，但是他也没让自己闲着，他的业务能力一直令辛普森羡慕不已，即使是最糟糕的上一年也有好几笔大单进账。

辛普森找到了业务主管，希望主管再给他一次机会，他觉得主管并不是一个苛刻的人。主管正在办公室里看文件，辛普森敲门之后进去了。刚刚坐下，主管就接听了一个电话，是公司总部打来的，辛普森听到电话另一端的人正在向主管下达解聘自己的命令，而主管则竭力向对方证明辛普森是个不错的员工。对方沉默了一会儿，然后说道："我们也相信他不错，但遗憾的是，如果他不能像其他员工一样用业绩证明自己，那我也没有办法，他必须离开，因为公司要发展，不能让任何人拖后腿。"

还能说什么呢？辛普森只有黯然离开公司了。

任何一家公司都希望员工能够为自己创造利润。作为一名员工，要时时以公司经营绩效为己任，努力为公司创造利润，伴随公司的成长而成长。

美国惠普公司创始人比尔·休利特和戴维·帕卡德强调：只有在员工为公司创造出丰厚利润的条件下，他们的奖金和工作才能得到保障。公司只有实现了盈利，才能把利润拿出来与员工分享。

能创造过人业绩的人最受企业欢迎

如今是一个以业绩论英雄的时代,不管你是什么学历、出身、资历,只要你有过人的业绩,你就是职场上最受欢迎的员工。只要员工都有出色的业绩,企业就能快速积蓄实力。

今天的商业社会还处于一个"利润至上"的阶段,每一个公司为了生存和发展都不得不秉承这一原则。在这样的阶段里,我们不能得过且过,做一名听话的员工,因为这仅仅是一个方面的要求,想方设法为公司创造财富才是最重要的。如果员工无法为企业盈利,那么也就无法实现自身的价值。而且,从个人收益的角度来看,为企业创造利润高的人可以得到更多的回报;为企业创造利润低的人就会面临被裁员、减薪的危险。

能为企业赚钱的人才是企业最需要的人。如果我们能把为企业盈利看成是自己的神圣天职,那么我们就会在工作中取得骄人的业绩,赢得管理者的器重,获得令人羡慕的高薪。

只有获得一定的业绩,才能够证明自己,企业才能发展。

2000年,全球汽车市场一片萧条,日产尼桑公司也因此陷入了困境。危机关头,公司高层聘请在法国有着"营救大师"之称的卡洛斯·戈恩,期待他妙手回春,拯救日产!

在戈恩正式上台的就职演说中,他面对日产公司的所有股东和员工,面对众多的新闻媒体,许下了一个"180"计划的承诺:"1-8-0"这三个数字分别代表了日产将实现的三个目标:截至2004财年,全球销售量增加100万台;运营利润率达到8%;汽车事业净债务为0。戈恩在演讲台上告诉所有人:"我要实现这三个目标,如果任何一点没有做到,我就出局!在这三个目标前,我没有说一个'假如':假如有了支持、假如经济环境良好、假如日元汇率降低……我决定，不管任何情况，都要实现我的承诺，并承担全部责任！"

戈恩说到做到，日产不仅扭亏为盈，而且效益蒸蒸日上！业界为之震惊。

面对困境，戈恩没有抱怨而是积极采取行动，用业绩向公众表明了自己的能力。如果我们也能像戈恩那样工作，那么我们所付出的努力，必将得到应有的回报。

卡耐基曾经说过："一个不能给他人带来财富的人，自己也无法获得财富。你必须持续地为他人创造价值。"你不为老板创造利润，老板拿什么来支付你的报酬？多劳多得，少劳少得，不劳不得，永远是这个社会的真理。**没有任何借口，用业绩说话，是每位员工应具备的工作态度。**

盈利是任何一家企业在市场中生存发展的根本目的，利润最大化是公司老板和所有员工最一致的目标。作为员工，一定要为公司创造财富，而且要把为公司创造财富当作神圣的天职、光荣的使命。

你只有创造出利润，不辜负公司对你的信任和培养，才算尽到了自己的责任。相反，如果你没有使公司的投资增值，就是一个没有尽职的员工。作为一名员工，要时刻考虑怎样抓住商机、怎样开拓市场、如何拿下订单，以此为目的，全神贯注，全力以赴。

2. 热爱你的工作，距离成功更近

> 一个人在事业上取得的成就大小是和兴趣有很大关系的。如果你一直做自己喜欢做的工作，你的内心便会充满愉悦和快乐，从而更有热情，更有效率，更能创造利润。

卡耐基曾经向一位著名的成功人士请教"什么是成功的第一要素"。对方的回答是——爱上你的工作。如果你热爱自己所从事的工作，那么工作再忙再累，对你来说，都是快乐充实的事情。同时，你也只有热爱你的工作，才有可能不断地创造利润，提升业绩，持续进步，接近成功。

工作的最高境界就是在工作中得到快乐。美国的成功人士中有94%以上都是在从事自己喜爱的工作，热爱自己的工作。试想，一个人如果连自己的工作都不喜欢，又怎么指望他能做出一番成绩并创造可观利润呢？

爱因斯坦是这样解释相对论的：当一个小伙子独自一人坐在温暖的火炉旁时，他会觉得昏昏欲睡，仿佛一分钟就像一小时那样漫长；而当他和一个美丽的姑娘坐在冰天雪地里的时候，他会觉得时间飞逝，一小时就像一分钟那样短暂。这段有趣的话除了向我们通俗地解释了相对论以外，还告诉了我们另外一个道理：做自己喜欢做的事，你会觉得快乐无比，充满信心，干劲十足，并因此勇创佳绩。

创造利润

法国伟大的画家皮埃尔·奥古斯特·雷诺阿老年时得了关节炎,手指扭曲变形。他的朋友亨利·马蒂斯去看他,悲哀地注视着雷诺阿用指尖握着画笔作画,并且他每画一笔都引起一阵疼痛。

一天,马蒂斯就问雷诺阿,为什么这么痛苦还要继续坚持画下去。雷诺阿回答道:"我喜欢画画,痛苦会过去,但是美丽永存。"

澳大利亚有一位叫约翰·纳文的年轻人,他热爱生活、家人以及工作。他不仅有一个推销世界百科全书的工作,而且这个工作完全占有了他。这意味着他在工作上的进步非常迅速。14年的时间里,他从兼职(固定工作是送牛奶)干起,一直升到澳大利亚区域企业部的执行主任。后来,约翰成为美国区域企业部董事会的第二位非美籍董事。

热爱自己的工作,就能创造更佳的成绩

卡耐基初进商界时,感觉自己明白了这样一个道理:"一个人想爬到高峰需要很多牺牲。"当他成为演说家以后,也时常有这些感想。然而,随着岁月的流逝,卡耐基开始了解到大部分正爬向高峰的人,并不是在付出代价。因为,他们努力工作是因为他们真正在享受工作。任何行业里真正能够创造利润且不断刷新业绩的人,都是能完全投入到正在做的事情中去的人,他们总是专心致志,衷心地喜爱所从事的工作,成功自然水到渠成。换言之,他们有着一种非常好的工作态度,时常能将单调而辛苦的工作变得单纯而喜悦。

成功就是由一块块砖头,用一天天时间积累建起的高楼大厦。这需要良好的心态,还需要善于学习的精神和善于发现的眼睛。这一切的起点就是,我爱我的工作。

看过《罗密欧与朱丽叶》这部剧吗?他们那缠绵悱恻的爱情曾经打动了

多少痴情男女的心。你也一定记得它的作者——威廉·莎士比亚吧？莎士比亚是英国伟大的戏剧家和诗人，400多年来莎士比亚的戏剧一直被人们传诵着、排演着，他成了全世界最受欢迎的作家之一。

莎士比亚何以取得如此大的成就？因为他喜欢戏剧，热爱自己的工作。

虽然莎士比亚赚了许多钱，但他仍然喜爱戏剧，迷恋戏剧。他把国王的赏赐和自己所赚的钱集中起来，投资建筑了著名的环球剧场，而没有用来经商，做别的生意。所以说，莎士比亚的一生是为戏剧而活着的。

心理学认为，当一个人从事自己所喜爱的职业时，他的心情是愉快的，态度是积极的，而且他也很有可能在所喜欢的领域里发挥最大的才能，创造最佳的成绩。莎士比亚就是一个极有力的例证。

如果少年时代的莎士比亚听从了父亲的安排，从事自己不喜欢的职业，即使他付出再大的努力和再多的劳动，也不会比他所取得的艺术成就更大。对于他不喜欢的职业，他会有耐心和热情去奋斗吗？他还会有那样的创造力和激情吗？正因为他从小就与戏剧结下了不解之缘，长大以后又得以从事自己所喜爱的戏剧创作，才使他展示出极大的热忱和非凡的创造力，为人类留下许多不朽的艺术财富。

看来，一个人在事业上取得的成就大小是和兴趣有很大关系的。如果你一直做自己喜欢做的工作，你的内心便会充满愉悦和快乐，从而更有热情，更有效率，更能创造利润。

詹姆斯·巴里说过："幸福的秘密不在于做你喜欢的事，而在于喜欢你所做的事情。"试试看，去热爱自己的工作，很快你就会发现，自己离成功更近了。

创造利润

3. 成功的欲望有多强，创造的利润就有多大

> 为什么我们要特别强调"成功的欲望"呢？因为能够创造可观利润和打造辉煌业绩的人，往往都是具有强烈成功欲望的人。你越相信自己能成功，就越会主动努力地去创造业绩，赢得利润，成就事业。

"在商业生活中，取得赢的结果是伟大的。"杰克·韦尔奇在他2005年出版的《赢》中写道。这位通用电气曾经的CEO在退休之后为全球的经理人演讲并接受他们的提问，韦尔奇发现：具体的问题成千上万，不过绝大多数可以归结为如下一句话：怎样才能赢？在杰克·韦尔奇看来，赢是伟大的，不仅仅是"好"，而是真正"伟大的"。杰克·韦尔奇在《赢》里有这样一段话很值得我们感悟：

在商业生活中，取得赢的结果是伟大的，因为当公司盈利的时候，人也得到了茁壮成长。对成功企业的每个员工来说，他们在市场上有了更多的工作机会和创业机会，他们对未来更加充满自信，有钱送自己的孩子上大学，能得到更好的医疗服务，买得起独栋别墅，退休生活也有了更好的保障。企业的盈利还让他们有机会回报社会，除了纳税之外，还有许多其他的方法——因为他们可以把更多的时间和资金奉献给慈善机构，比如到社区学校

去当辅导员等。赢的结果可以惠及周围所有人——让世界变得更美好。

"赢"之所以伟大，是因为它意味着利润，意味着业绩，意味着成功，意味着金钱，意味着地位。

其实，一个人能否赢在于是否有决心。换句话说，成功，你有多相信它？

为什么我们要特别强调"成功的欲望"呢？因为能够创造可观利润和打造辉煌业绩的人，往往都是具有强烈成功欲望的人。你越相信自己能成功，就越会主动努力地去创造业绩，赢得利润，成就事业。

1922年，布里顿·哈登与亨利·卢斯，两个年轻的耶鲁毕业生，经历了短暂的记者生涯之后，决定创办一份"让大多数美国人更了解世界"的杂志，也就是后来大名鼎鼎的《时代》周刊。尽管是在梦想发育最合适的温床——美国，尽管他们才华横溢，尽管他们目标明确，很多人还是对此嗤之以鼻。当时的美国已经有了那么多媒体，《纽约时报》、《大西洋》月刊、《新共和》、《星期六晚邮报》……在之后的几个月时间内，他们像低级推销员一样四处推销他们的理想，希望能筹集到创办杂志所需要的10万美元启动资金，其中的艰难可想而知。开始时，这本杂志的全部人员不过11个人，他们在纽约市郊区的一个印刷厂里工作，墙壁肮脏且破旧，办公室仅有一些过期的《纽约时报》与破烂不堪的百科全书。每个人都要身兼数职，才能完成工作。

当然，一切都无法阻挡年轻人追求成功的狂热，否则你就不会知道这个世界上有《时代》周刊这样一本杂志，我也不会带着兴奋敲打着键盘来讲两位创办者带有传奇色彩的故事了。1925年，杂志的发行量升至107000份，总收入达到45万美元。而到了1929年哈登因为风寒而去世时，这两位曾经为了10万美元而痛苦不堪的穷小子，都已经成了百万富翁。到了20世纪30年代后期，《时代》周刊的影响力已经开始深入人心，已经成为著名作家的海明威就曾因为另一位作家帕索斯比他更早成为《时代》周刊封面人物而愤怒不

创造利润

已。

1953年，卢斯在《时代》周刊创刊30周年时回忆道："在一个晚上，哈登和我正越过大营地走回宿舍，我们每一步都陷入沙中，却谈得很起劲……就在那一次的交谈中，我们开始谈到《时代》周刊……就在那一个夜晚，两个孩子决定合作，建立一个组织，把他们的生活重心、工作和任务结合起来……"当年那两位不名一文的年轻人在一间墙壁破旧的印刷厂厂房内创办《时代》周刊的时候，拥有的仅仅是这样的自信：成功，他们坚信不疑。

强烈的欲望助你扫清创造利润的障碍

让创造利润成为习惯，就必须学会让自己积聚成功的欲望。因为成功的欲望有多强，创造的利润就有多大。成功的欲望会让你不断奋斗，不断勇创佳绩。

成功的行为则往往是这样的：你有激情，你愿意投入，你坚信自己，成功本身就会给你积极的反馈，就会有可观的业绩回报你。在彼此作用的过程中，你会感到一种推动的力量，你接受着它，享受着它，驾驭着它，引导着它，燃烧着它。

成功者都是能成就事业的人，成就事业靠的是一个又一个成绩的积累。成绩来源于创造——创造了利润，创造了物质价值或者创造了精神价值。成功最需要的是强烈的欲望，成功者与普通人最大的区别是：前者坚信一定能成功，后者只是希望自己成功。每个人体内都有一万个发动机，而只有成功欲望强烈的人才会把所有发动机全部启动。

曾有一个年轻人问大哲学家苏格拉底：成功的秘诀是什么？苏格拉底带着年轻人来到河边，让年轻人陪他一起向河里走。当河水没到他们的脖子时，苏格拉底趁年轻人没注意，一下子把他按到水中。年轻人拼命挣扎，但苏格拉底很强壮,一直把小伙子按在水里,直到他奄奄一息时,苏格拉底才把他的头拉出水面。这个年轻人出水之后赶紧吸了几口气。苏格拉底问:"在水里的时候,你最需要什么?"小伙子回答:"空气。"苏格拉底说:"这就是成功的秘诀。当你渴望成功的欲望就像你刚才需要空气的愿望那样强烈的时候,你就会成功。"

只要你心中有一股必胜的信念,你的潜能就会在得到很好的机会时被激发出来,你就能做成你一定要做成的事业,无论这个事业是创造巨大的利润,是写一部鸿篇巨制,是开创一个时代,还是做最好的自己。

信奉"超人哲学"的尼采说过:"一个有强烈决心的人将无所不能。"无论你是想在企业里不断创造利润提升业绩,还是想在人生中创造一番别的成就,最有效的办法都是把信念强化到强烈的地步,只有达到这种程度,才会促使你拿出行动,扫除一切横在前面的障碍,最终达成目标。

创造利润

4. 确保优质客户，创造未来客户

> 在企业的客户管理工作中，优质客户的维护很重要，但是未来客户的创造开发更为重要。
>
> 员工为企业创造价值最直接的表现，就是为企业赢得了多少客户。员工为企业赢得的客户越多，给企业创造的价值就越大，即为企业创造的利润也就越多。

"企业的目的只有一个正确的定义，那就是创造顾客。"彼得·德鲁克的这句名言早已成为商界的"醒世恒言"。在竞争激烈的现代市场环境中，企业和客户之间的关系并不是恒定的，它会经常变动，而客户一旦成为企业的客户，企业就要尽力保持这种客户关系。客户关系的最佳境界体现在最长时间地保持这种关系，最多次数地和客户交易和保证每次交易的利润最大化，因此企业需要采取行动扩大客户关系，客户因为得到更多、更好、更符合其需求的服务而获益，企业也因销售业绩的增长而获益。

任何一位懂得让创造利润成为自己习惯的人，都知道上述的道理，而且还明白要想让利润持续地创造，不但要确保优质客户的忠诚，还要不断创造未来客户，制造新的增长点。

很多肩负创造利润责任的人都知道"二八规则",即20%的客户可以带来80%的收入。从"二八规则"出发,每一位需要创造利润的人都会想方设法地扩大对这20%的客户的影响力。这样做,不仅比把注意力平均分散于所有的客户更容易,也更值得。我们往往把这些重要的客户称为大客户。

今天,争夺大客户已经成为不少行业的一个重要特点,电信、银行、保险等行业莫不如此。在很大程度上,大客户管理就是对未来的管理。大客户迁就品质一般、价格偏高的产品和服务的时代早就一去不复返了。企业要拓展关系、建立信任、提高客户认识、为客户创造价值,更重要的是和大客户共同管理未来。

有效的大客户管理所带来的回报十分显著,而且这种回报不仅仅是金钱方面的。它能够为企业提供竞争优势,它是树立更高客户忠诚度的关键,也是企业获得高收益的手段。它能够将竞争降到最低程度,能够帮助企业正确地投入时间、金钱及资源。当可持续竞争优势越来越难获得的时候,以客户为中心的企业整合也就是一种竞争优势。

维持和扩大客户关系的方法有很多种,企业可以透过销售推力和市场与品牌的强势拉力与客户互动沟通,培育客户观念,建立企业品牌形象。

比如,企业可以通过客户俱乐部、客户联谊会等,用这种特定的方式把客户组织在一起,利用这种方式保持与客户之间的有效联系。如果确认使用某种方法,企业一定要保证这些方法是有计划性的,是能够长期执行,并服从与认同组织的意义的。

关怀客户,保持和扩大客户关系,首先应是公司有组织的行为,是客户服务阶段的重要工作,从公司的高层领导到负责具体客户的人员都应参与进来。同时这也是一个长期的过程,需要精心呵护,才能达到持续经营客户的目的。

通过客户关怀计划,企业可以让重要的客户选择自己喜欢的方式,同企业展开互动交流,借此更方便地获取对其有用的信息,以得到企业更好的服务。客户关怀计划可以使客户的满意度得到提高，帮助企业更好地挽留现有的客户，还可以使企业找回已经失去的客户，并更好地吸引新客户。同时，企业根据客户实际情况和历史服务情况，对需求不同的客户进行差异化服务，来执行周期性的客户关怀计划，降低销售成本，并通过科学的客户关系分析，实现客户价值管理，有效地预测市场需求和经营状况，使企业的客户关系管理更上一层楼，进而提高销售业绩，为企业创造更多利润。

维护优质客户很重要，开发未来客户更重要

在企业的客户管理工作中，优质客户的维护很重要，但是未来客户的创造开发更为重要。

刚才我们已经提过德鲁克那句已成为商界的"醒世恒言"的名言："企业的目的只有一个正确的定义，那就是创造顾客"。而围绕这一基本理念，无数管理学者一直尝试着纷繁复杂的阐释和延伸。在管理咨询行业打拼多年的亚德里安·斯莱沃斯基，进一步扩展了德鲁克的理念。20世纪90年代，他在与同事合著的《发现利润区》一书中，提出企业设计中的客户选择不仅要选择今天的客户，更要寻找和塑造未来的客户。

这一观念振聋发聩，它代表了商业的潮流，为企业的战略制定者通向成功的彼岸提供了正确的判断依据。正如我们看到的那样，在面临全球化挑战的今天，技术的不断进步和资本的大量涌入，降低了许多行业的进入壁垒和经营成本。对很多企业来说，很难再像以前那样容易固守一个稳定的利润区，昨天的利润区很快就变成了明日黄花，企业必须时刻寻找并保护明天的利润区。因此，企业如果只是固守今天的客户，往往会陷入进退两难的境地。商业形势迫使企业管理者不得不高度重视未来的客户，因为他们的需求集成就是企业明天的利润区所在。

这一点说起来简单做起来难，现实中，企业往往更在意喜欢自己的客户和客户中的先锋，而不恰当地忽略了那些需求最甚、对明天最有见解的客户。

那么企业应当如何寻找未来的客户？

优秀企业的做法是从产业利润池的角度来寻找未来的客户。利润池是指某行业在行业价值链上的各个环节所赚取的利润总和。通过描绘和完善利润池，管理者能够弄清决定本行业利润分布的情况，以及与之相关的经济和竞争因素，借此了解本行业的基本结构，从产业的角度发现顾客新的需求，开创新的盈利业务；或者转移、延伸企业的现有业务，占据产业价值链中利润较高的部分。

这也是斯莱沃斯基主张的需求创新规则中最重要的一条："从产品的角度看待你的业务到从经济的角度研究你的客户。"

企业的本质是赚取利润，没有利润的企业算不上真正的企业。那利润又从何而来？为客户创造价值。当然，客户价值又来自企业员工的创造，每个员工只有在每天的工作中创造价值才会有利润。那么，创造价值就成了工作的底线。企业之所以付给员工薪水，是因为员工提供了企业所要的结果。企业不会看你如何辛苦，而是看你是否创造了企业需要的结果或价值。员工为企业创造价值最直接的表现，就是为企业赢得了多少客户。员工为企业赢得的客户越多，给企业创造的价值就越大，即为企业创造的利润也就越多。

创造利润

5. 学会危机管理，化危机为盈利

> 企业在经营过程中，在追求利润的时候，出现危机是不可避免的。关键是怎样去面对危机，解决危机。那些总是能够创新业绩的人的高明之处，就在于不仅能躲过危机，而且还善于利用危机，将危机转变为机遇。

培养创造利润的习惯，不但要懂得维护优质客户，不断开发未来的客户，还要懂得学会危机管理。事实上，在企业里，那些创利榜样和组织骨干，不但能够为企业赚钱，也能帮助企业处理危机，甚至能化危机为盈利。

行船不可能不遇风浪，往往要在风险中突破。同样，经营企业也有风险。许多企业面临的最多的风险就是成长性问题，成长就一定有动力和阻力，成功的企业往往能够在正确把握战略思想的基础上从容地抵御风险、解决危机。

在1997年发生的东南亚金融危机中，海尔公司在印尼和马来西亚的企业都不景气。海尔公司经过分析发现，东南亚国家的家电消费者都是持币待购，是因为发生了金融危机才不消费，并不是说家里不需要。于是，海尔便不失时机地在这些国家做了许多广告，而且都在非常好的广告位置，但广告的价钱还不到金融危机前的三分之一。金融危机过去之后，家电的需求量一下子就上来了,海尔打了个漂亮的翻身仗。

看来,危机并不可怕,关键是如何应对危机。

站在悬崖边无路可走的人,要想安全渡过难关,只能客观地观察环境,找寻并迁移至适合他们生存发展的地方。每一位以创造利润为己任的优秀者,都应该同样具备这样的素质,而不是躲避危机。评价一家公司的好坏,就看它是否能快速地调集所有材料来处理一个严重问题。如此一来,便诞生了一个如今点击率颇高的词语——危机管理。其实,这并非当代学者的首创,早在数千年以前,犹太民族已经掌握了这套应对技能,而且这套"危机管理"被他们的后辈演绎得越来越精彩。这是一个由狼、羊群、羊倌的关系衍生的危机管理。

第一步:情况的类推和数量的把握

在公元前2000年到公元前1700年,犹太人在从事往来于美索不达米亚和埃及之间的商队贸易的同时,也经营游牧业。当时游牧民是替富人放牧牛羊,每年按照畜牧群的繁殖量获取相应的报酬。

按照古巴比伦王国的《汉穆拉比法典》,除了家畜受到狮子的攻击等不可抵抗的事故外,放牧人对畜群的损失都要承担责任。但是对于狮子袭击以外的损害情况的具体处置并没有明文法令留存下来。

为此,《犹太法典》进行了这样的补充:仅有一只狼袭击家畜时,不可以视其为不可抵抗的事故,两只狼来袭击的话,就是不可抵抗的。这实际上也就解答了有人提出的"既然狮子的袭击是不可抵抗的,那么狼的袭击造成的家畜损失,羊倌是否也可以不负任何责任"的疑问,这体现出了危机管理的一条重要原则——善于类推。

因为狼要比狮子的体形小得多,人是可以击退一只狼的进攻的,所以此时羊倌该对狼的进攻负责。但是，如何处理两只以上的狼来袭的情况？两只狼来袭时肯定不会只从一个方向进攻，这时羊倌的防御力分散，很可能不能完全击退狼的进攻。所以，两只狼以上的情况视为不可抵抗的。

根据对象数量等的不同随机应变，这就是危机管理的核心所在，准确把握当前形势，因势而行。

第二步：确定引发危险的主要原因

在掌握了量以后，最重要的是要看危险是如何分布的。因为危险的分布情况不同，应对的限度也有所区别。

犹太拉比说道："狼群中只有一只狼出来袭击羊群也应视为不可抵抗的。"虽然从狼群中出来并直接进行攻击的只有一只，但是其后却是成群的狼，而且很难保证它们不会跟着来袭，这种阵势当然会把羊倌吓住。

再换个角度，来袭的不是狼而是成群的野狗时，该怎样看待？关于这一点，《塔木德》裁断：野狗由两个方向且每一个方向有两条以上的野狗来袭击时可视为不可抵抗的。

将这一推论再进一步扩展开来，"狼——复数——由各种方向进攻——成群结队——武装匪帮"，陆续将危险的主要因素的范围扩展开来，这样无论如何都超出了羊倌的责任范围，因此，羊倌对于匪帮的侵袭也应该不承担责任。

另外，《塔木德》把比狼凶猛强大的狮子、熊、豹子、黑豹、大蛇等对家畜发起的袭击也认定为是不可抵抗的。可见，为了进行危机管理，认真了解可能会成为危险的主要因素，是不可缺少的一环。

第三步：绝对不要卷入危险

明确了什么是危险，第一个原则就是尽量不去靠近，不要卷入危险之中，所以羊倌赶着家畜误入兽群或强盗窝的情况，也不可视为不可抵抗的事故。

从犹太人的观点来看，"没有预料到"不能成为免除责任的借口，只有查证了全部危险的可能性，并尽量避免接近危险的人才能免除责任。

你在工作中会碰到的"狼"是什么呢？是一只、两只，还是更多呢？除了狼以外有没有其他潜在的危险呢？是否想着"不就是狗嘛，来袭击也没什么大不了的"而轻视了危险呢？问题出现在两个方向，就会分散你的注意力和抵抗力，就有可能使你丧命，即使紧急问题只有一项，但背后可能还隐藏着更多潜在的危险。

要想平安渡过危险，就要尽可能地考虑并列举出各种危险，尽可能地躲避危险，不要卷入危险之中。危险是0与1的现实，因为不发生危险，一切都平安无事；有事的话，就来不及躲避。犹太人有乐观的危机意识，但他们不会毫无准备，因风险、危机、厄运临身而措手不及。其实，危机管理需要的就是这种强烈的忧患意识。

危机既可能是阻力，也可能是助力

如果你有搭乘飞机的经验，你会从靠近机翼的窗口上观察到这个现象：一架巨型波音747飞机在跑道上准备起飞之前，机翼的尾部是朝下的，因为这样，机翼就能够借助空气的冲力形成一股向上的助力，将几十吨重的飞机向上提升，令飞机高飞，而当飞机降落在跑道上要减速的时候，机翼上的减速器则会启动，以借助空气的巨大阻力减慢飞机的速度，最后使飞机停下来。

同样的空气，既可能成为飞机的阻力，也可能变成飞机的助力，关键在于机师怎样调整机翼。我们遇到的很多事情也是如此，它可能成为绊脚石，令我们裹足不前，失去成功的机会；也可以是垫脚石，帮助我们提升动力，品味成功的喜悦。关键就在于我们怎样控制思想的翅膀，从哪个角度去理解。出色的管理者有一种极好的心理素质，就是能在不利的环境中我行我素地做生意，甚至把逆境当成了做生意的最佳机会。

美国强生公司具有100多年的历史，由于在"泰诺"中毒事件中成功地处理了危机，在企业危机管理史上写下了光辉的一笔，还获得了美国公关协会授予的最高奖——银砧奖。

1982年9月29日至30日，有消息报道，芝加哥地区有人因为服用含氰化物的"泰诺"止痛胶囊而死于氰中毒。开始报道是死亡3人，后来增至7人，一时间舆论哗然，医院、药店纷纷把"泰诺"产品扫地出门。民意测验表明，94%的服药者表示今后不会再服用此药。强生公司面临一场生意场上关乎生死存亡的巨大危机。

实际上，强生公司对回收的800万粒胶囊进行化验后，只发现芝加哥地区的一批胶囊中有75粒受氰化物的污染（事后查明是人为破坏）。但面对这一严峻局势，强生公司依然紧急采取以下决策：决定在全国范围内用5天的时间收回全部"泰诺"止痛胶囊。同时公司还花费50万美元通知医生、医院、经销商停止使用或销售。

除此之外，强生公司还敞开大门，积极配合美国公众和美国食品药品监督管理局的调查，在5天时间内对全国收回的胶囊进行抽检，并向公众公布检查的结果。由于强生公司在"泰诺"事件发生后果断地采取了一系列正确的决策，赢得了公众和舆论的支持，使其信誉损失减到最低。

"泰诺"事件发生后，美国政府和芝加哥地方当局发布了新的药品安全

第七章

———— 让创造利润成为你的使命和习惯 ————

包装规定。强生公司抓住这个时机，为"泰诺"止痛胶囊设计了防污染的新式包装，重新将产品推向市场。

1982年11月1日，强生公司举行了大规模的新闻发布会。会议由董事长伯克亲自主持，他首先感谢新闻界公正地对待"泰诺"事件，介绍该公司率先实施"药品安全包装新规定"，推出"泰诺"止痛胶囊防污染新包装，并现场播放了新包装药品生产全过程的影像。这次招待会发布的"泰诺"止痛胶囊重新返回市场的消息传遍全国，强生公司及其产品重新赢得了公众的信任。

企业在 经营过程中，在追求利润的时候，出现危机是不可避免的。关键是怎样去面对危机，解决危机。那些总是能够创新业绩的人的高明之处，就在于不仅能躲过危机，而且还善于利用危机，将危机转变为机遇。

6. 专注于你的工作，习惯于创造利润

> 对于培养创造利润的习惯来说，不够专注也是大敌。创造利润，通俗地说就是赚钱。正所谓不熟不做，要想赚钱就必须做熟悉的事。如何才能熟悉呢？专注于该事情。

欲让创造利润成为你的习惯，有一种能力必不可少，那就是"专注于工作"的能力。

曾有人向一位成功人士请教："你为什么能完成这么多的工作？"这位成功人士这样回答："因为我奉行这样的原则——在某个时间只集中精力做一件事，但要尽最大的努力把它做好。"敬业精神的最直接的表现是：干一行，爱一行。工作中一心一意，才能更好地做出业绩，创造利润。坚持这样做下去，就能在工作中脱颖而出。

现在很多员工貌似都进入了一个充电误区，纷纷去报名学习MBA、外语、在职研究生等等，而不管自己是否真的需要"充电"这方面的培训，只管为自己的"综合能力"添加筹码。其实，大可不必这样。俗话说，百艺通不如一艺精。企图掌握好几十种职业技能，还不如精通其中一两种。什么事情都知道些皮毛，还不如在某一方面懂得更多，理解得更透彻。罗斯福说过："我从来不去想做一件事情会带来什么样的好处。我的人生原则就是，

专注于做好手边的工作,其他的一概不想。"

专注于眼前的事情,比胡思乱想尚未发生的事要重要得多。专注于当下的工作,努力创造业绩,比总是在好高骛远要好得多。与"生在福中不知福"的道理一样,**很多人都不珍惜自身所拥有的,而叹息自己怀才不遇。其实我们只要认真把自己的本职工作做好,或者是做得比别人要求我们做的更多一点,将会发现世界在我们面前豁然开朗。**

要比别人更出色,就要有专注的能力

有一次,记者在爱迪生的实验室外面等待三个星期之后,才访问到这位著名的发明家。

记者:"就你的经历,你认为成功的第一要素是什么?"

爱迪生:"能够将你的身体与心智的能量锲而不舍地运用在同一个问题上而不会厌倦的能力……你整天都在做事,不是吗?每个人都是。假如你早上7点起床,晚上11点睡觉,你做事就做了整整16个小时。对大多数人而言,他们肯定是一直在做一些事,唯一的问题是,他们做很多很多事,而我只做一件。假如他们将这些时间运用在一个方向、一个目的上,他们就会成功。"

懂得十多件事,却非常肤浅,那还不如只精通一件事。只有对某事有了充分的认识和及时的把握,才能很好地完成它。有位美国名人曾说过:"最重要的是,要懂得怎么样把一件事情办好。只有把你自己的事情做得十全十美,你才能在和别人的较量中稳占上风。"有位成功人士说过:"如果你具备了真正做好一枚别针的能力,那么这要比你拥有生产粗糙的蒸汽机的能力强得多。"

你要比别人做得更出色,就要专注于一种工作或者能力,精通所从事

创造利润

行业的方方面面。"业精于勤，荒于嬉"，这是千古不易的道理。如果你能够把工作中的每一个细节内容都了解清楚，并恪尽职守，把它做到最好，那么，这不仅能为你赢得好的名誉，还可以为你以后的事业播下希望的种子。

干任何一件事，如果不达到痴迷的程度，就不会取得大成就。欲不断地创造出利润，不能专注于工作是很难做到的。很多人之所以能取得巨大成就，与专心致志是分不开的。

据研究巴尔扎克的学者介绍，这位大名鼎鼎的作家在创作过程中总是那样全神贯注。巴尔扎克也常用"聚焦"来形容自己的思维方式，他说："目标确定之后，就要把自己的注意力集中在一个关键性的突破点上，犹如凸透镜一般，将阳光集中于一点，才能形成突破性的思维能力。"

巴尔扎克的"聚焦"思维确实是一种值得借鉴的经验。精力分散，思维力度肯定不够，又怎么能使你思考的问题有所突破呢？只要你具有专心的态度，全力以赴用心去做，就能实现人生的改变。反之，瞻前顾后，因顾虑太多从而分心，就很难做好事情。

精通，才更容易成功

如果一个人在生活中只追求一个目标，专心用心去努力，那么在有生之年，他很有可能会实现自己的愿望；但是，如果他事事喜好、见异思迁，那就好像到处撒播种子，到头来只会一无所获，抱憾终生。

对于一个人的事业而言，最大的危机是业不精专。他同时涉足了太多的领域，由此难免会分散精力。他四处出击，什么东西都有所涉猎，却又都是浮光掠影，浅尝辄止，最终只懂得一点皮毛。

对于培养创造利润的习惯来说，不够专注也是大敌。创造利润，通俗地说就是赚钱。正所谓不熟不做，要想赚钱就必须做熟悉的事。如何才能熟悉

呢？专注于该事情。

现代社会是一个专业化的社会。你只有业有所精，有所特长，使自己在某一领域中有过人之处，你才能获得更多成功的机会。否则，你自认为是多才多艺，实则是样样不精。

"无论从事什么职业都应该专注于它，然后精通它。"这是成功的一种秘密武器，也是创造利润的一大助力。现在，最需要做的就是"精通"二字。掌握自己职业领域的所有问题，使自己比他人更精通，你就可能比其他人有机会得到更好的提升和发展。

创造利润

7. 现在就动手做！知道不如做到

> 现在就去做！去见别人所未见，去做别人所不能做。坐着不动的人永远赚不到钱，迅速行动的人才能创造利润。

人与人之间的差别，不在于谁比谁多掌握多少知识，多学习过多少本领，而是在于知道后是否去做了。创造利润也不例外！让创造利润成为你的习惯，现在就动手做吧！

现在就动手做！这句话是一个最惊人的自动启动器。任何时候当你感到拖延的恶习正悄悄地向你靠近，或者当此恶习已迅速缠上你，使你动弹不得时，你都需要用这句话提醒自己。

知道不如做到。总有很多事情需要去做，如果你正受到怠惰的困扰，那么不妨就从碰见的任何一件事着手。是什么事并不重要，重要的是你突破了无所事事的恶习。从另一个角度说，如果你想规避某项杂务，那么你就应该从这项杂务着手，立即进行。否则，事情还是会不断地困扰你，使你觉得烦琐无趣而不愿意动手。

当你养成"现在就动手做"的工作习惯时，你就掌握了个人进取的精义。当你养成了创造利润的习惯后，你就成了职场中最不可替代的人。

你创造利润的能力加上你工作的态度，决定你的报酬和职务。那些工作效率高、做事多，并且乐此不疲的人，往往以为企业创造利润为己任，习惯于创造利润，因此往往担任着公司最重要的职务。当你下定决心永远以积极的心态做事时，当你一定要让创造利润成为你的习惯时，你就朝着自己的远大前程迈出了重要的一步。

如果你希望一件事能快速而圆满地完成，那么请交给那些勤奋而忙碌的人吧。那些懒散的人，他们精于滥竽充数和偷工减料，他们中的大多数人并不了解自己处理事情的真正能力。他们不肯迎接每天的挑战，来激发自己最大的潜能。人们都知道，面对一件自己感兴趣的事情，无论多么繁忙都能腾出时间去做。但是，面对那些无趣的工作，我们总是轻易推托，甚至有意无意遗忘。

不论做什么事，成功的关键在于我们行动之前对自己有什么样的期望，定什么样的目标。你应该懂得，你用什么标准衡量自己，别人就会用什么样的标准来评估你。爱默生说："紧紧追踪四轮车到星球上去，要比在泥泞道上追踪蜗牛行迹更容易达到自己的目标！"

无论你是要养成创造利润的习惯，还是要去成就人生的什么目标，都要通过迅速去做，一点一滴地奠定基础。而先给自己设定一个切实可行的目标，等确实达到之后，再迈向更高的目标，是最可行的路径。

现在就动手做！

那么，我们怎样行动才能取得成功呢？靠凝结着人类智慧的行动！

一个人的行动如果没有凝结着相应的知识和智慧，就只能是盲动，是没有意义的行动；只有凝结着智慧的行动，才能够达到预期的目标，才能够取得成功。

现在就去做！去见别人所未见，去做别人所不能做。坐着不动的人永远赚不到钱，迅速行动的人才能创造利润。

让创造利润成为你的习惯，现在就动手做！

创造利润